CHECK LIST AND RECORD BOOK

of

United States and Canadian Coins

Western Publishing Company, Inc.
Racine, Wisconsin 53404

.9091-5   ISBN: 0-307-19096-X   Printed in U.S.A.

This record book is designed for use as a convenient inventory of United States and Canadian coins. Popular minor varieties have been added to the basic list to assist collectors in classifying their coins.

Mintage figures show how many coins were struck each year. Space is provided for the collector to indicate the number of coins owned in any of six different grades of condition. Most coin types are illustrated with actual size photographs next to the coin listings.

© 1992
Western Publishing Company, Inc.
Racine, Wisconsin 53404

HALF CENTS

E	QUANTITY MINTED	G-4	VG-8	F-12	VF-20	EF-40	MS-60
3	35,334						
4	81,600						
5	134,600						
6	6,480						
7 plain edge	} 119,215						
7 lettered edge							

	QUANTITY MINTED	G-4	VG-8	F-12	VF-20	EF-40	MS-60
0	202,908						
2	20,266						
3	92,000						
4	1,055,312						
5	814,464						
6	356,000						
7	476,000						
8	} 400,000						
8 over 7							

[3]

HALF CENTS

DATE	QUANTITY MINTED	G-4	VG-8	F-12	VF-20	EF-40
1809	1,154,572					
1809 over 6						
1810	215,000					
1811	63,140					
1825	63,000					
1826	234,000					
1828 12 stars	606,000					
1828 13 stars						
1829	487,000					
1831	2,200					
1832	154,000					
1833	120,000					
1834	141,000					
1835	398,000					
1836 proof only						

1840 proof only	—					
1841 proof only	—					
1842 proof only	—					
1843 proof only	—					
1844 proof only	—					
1845 proof only	—					
1846 proof only	—					
1847 proof only	—					
1848 proof only	—					
1849 small date						
1849 large date	39,864					
1850	39,812					
1851	147,672					
1852 proof only	—					
1853	129,694					
1854	55,358					
1855	56,500					
1856	40,430					
1857	35,180					

[4]

LARGE CENTS

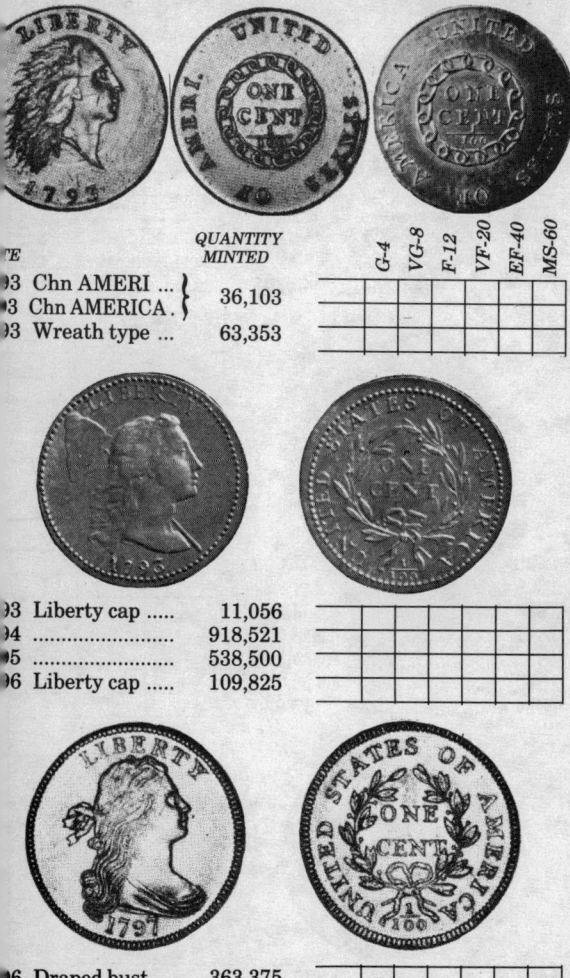

DATE	QUANTITY MINTED	G-4	VG-8	F-12	VF-20	EF-40	MS-60
1793 Chn AMERI ...	36,103						
1793 Chn AMERICA .							
1793 Wreath type ...	63,353						
1793 Liberty cap	11,056						
1794	918,521						
1795	538,500						
1796 Liberty cap	109,825						
1796 Draped bust ...	363,375						
1797	897,510						
1798	979,700						
1798 over 7							

[5]

LARGE CENTS

DATE	QUANTITY MINTED	G-4	VG-8	F-12	VF-20	EF-40
1799	} 904,585					
1799 over 8						
1800	2,822,175					
1801	1,362,837					
1802	3,435,100					
1803	3,131,691					
1804	96,500					
1805	941,116					
1806	348,000					
1807	829,221					

1808	1,007,000					
1809	222,867					
1810	1,458,500					
1811	218,025					
1812	1,075,500					
1813	418,000					
1814	357,830					

1816	2,820,982					
1817	3,948,400					
1818	3,167,000					
1819	2,671,000					
1820	4,407,550					

LARGE CENTS

DATE	QUANTITY MINTED	G-4	VG-8	F-12	VF-20	EF-40	MS-60
1821	389,000						
1822	2,072,339						
1823	68,061						
1824	1,193,939						
1825	1,461,100						
1826	1,517,425						
1827	2,357,732						
1828	2,260,624						
1829	1,414,500						
1830	1,711,500						
1831	3,359,260						
1832	2,362,000						
1833	2,739,000						
1834	1,855,100						
1835	3,878,400						
1836	2,111,000						
1837	5,558,300						
1838	6,370,200						

		G-4	VG-8	F-12	VF-20	EF-40	MS-60
1839 1839 over 1836	3,128,661						
1840	2,462,700						
1841	1,597,367						
1842	2,383,390						
1843	2,425,342						
1844	2,398,752						
1845	3,894,804						
1846	4,120,800						
1847	6,183,669						
1848	6,415,799						
1849	4,178,500						
1850	4,426,844						

LARGE CENTS

DATE	QUANTITY MINTED	G-4	VG-8	F-12	VF-20	EF-40	MS-60
1851	9,889,707						
1852	5,063,094						
1853	6,641,131						
1854	4,236,156						
1855	1,574,829						
1856	2,690,463						
1857	333,456						

SMALL CENTS

DATE	QUANTITY MINTED	VG-8	F-12	VF-20	EF-40	MS-60	Proof-63
1856	1,000						
1857	17,450,000						
1858 L.L.	24,600,000						
1858 S.L.							

Copper-Nickel

1859	36,400,000						
1860	20,566,000						
1861	10,100,000						
1862	28,075,000						
1863	49,840,000						
1864	13,740,000						

Bronze

1864	39,233,714						
1864L							
1865	35,429,286						
1866	9,826,500						

SMALL CENTS

DATE	QUANTITY MINTED	VG-8	F-12	VF-20	EF-40	MS-60	Proof-63
1867	9,821,000						
1868	10,266,500						
1869	6,420,000						
1869 over 8							
1870	5,275,000						
1871	3,929,500						
1872	4,042,000						
1873	11,676,500						
1874	14,187,500						
1875	13,528,000						
1876	7,944,000						
1877	852,500						
1878	5,799,850						
1879	16,231,200						
1880	38,964,955						
1881	39,211,575						
1882	38,581,100						
1883	45,598,109						
1884	23,261,742						
1885	11,765,384						
1886	17,654,290						
1887	45,226,483						
1888	37,494,414						
1889	48,869,361						
1890	57,182,854						
1891	47,072,350						
1892	37,649,832						
1893	46,642,195						
1894	16,752,132						
1895	38,343,636						
1896	39,057,293						
1897	50,466,330						
1898	49,823,079						
1899	53,600,031						
1900	66,833,764						
1901	79,611,143						
1902	87,376,722						
1903	85,094,493						
1904	61,328,015						
1905	80,719,163						
1906	96,022,255						
1907	108,138,618						
1908	32,327,987						

SMALL CENTS

DATE	QUANTITY MINTED	G-4	VG-8	F-12	VF-20	EF-40	MS-60
1908S	1,115,000						
1909	14,370,645						
1909S	309,000						

DATE	QUANTITY MINTED	G-4	VG-8	F-12	VF-20	EF-40	MS-60
1909 V.D.B.	27,995,000						
1909S V.D.B.	484,000						
1909	72,702,618						
1909S	1,825,000						
1910	146,801,218						
1910S	6,045,000						
1911	101,177,787						
1911D	12,672,000						
1911S	4,026,000						
1912	68,153,060						
1912D	10,411,000						
1912S	4,431,000						
1913	76,532,352						
1913D	15,804,000						
1913S	6,101,000						
1914	75,238,432						
1914D	1,193,000						
1914S	4,137,000						
1915	29,092,120						
1915D	22,050,000						
1915S	4,833,000						
1916	131,833,677						
1916D	35,956,000						
1916S	22,510,000						
1917	196,429,785						
1917D	55,120,000						
1917S	32,620,000						
1918	288,104,634						
1918D	47,830,000						
1918S	34,680,000						
1919	392,021,000						
1919D	57,154,000						
1919S	139,760,000						

SMALL CENTS

DATE	QUANTITY MINTED	VG-8	F-12	VF-20	EF-40	MS-60	MS-65
1920	310,165,000						
1920D	49,280,000						
1920S	46,220,000						
1921	39,157,000						
1921S	15,274,000						
1922 (plain) } 1922D	7,160,000						
1923	74,723,000						
1923S	8,700,000						
1924	75,178,000						
1924D	2,520,000						
1924S	11,696,000						
1925	139,949,000						
1925D	22,580,000						
1925S	26,380,000						
1926	157,088,000						
1926D	28,020,000						
1926S	4,550,000						
1927	144,440,000						
1927D	27,170,000						
1927S	14,276,000						
1928	134,116,000						
1928D	31,170,000						
1928S	17,266,000						
1929	185,262,000						
1929D	41,730,000						
1929S	50,148,000						
1930	157,415,000						
1930D	40,100,000						
1930S	24,286,000						
1931	19,396,000						
1931D	4,480,000						
1931S	866,000						
1932	9,062,000						
1932D	10,500,000						
1933	14,360,000						
1933D	6,200,000						
1934	219,080,000						
1934D	28,446,000						
1935	245,388,000						
1935D	47,000,000						
1935S	38,702,000						
1936	309,637,569						
1936D	40,620,000						

SMALL CENTS

DATE	QUANTITY MINTED	VG-8	F-12	VF-20	EF-40	MS-65	Proof-65
1936S	29,130,000						
1937	309,179,320						
1937D	50,430,000						
1937S	34,500,000						
1938	156,696,734						
1938D	20,010,000						
1938S	15,180,000						
1939	316,479,520						
1939D	15,160,000						
1939S	52,070,000						
1940	586,825,872						
1940D	81,390,000						
1940S	112,940,000						
1941	887,039,100						
1941D	128,700,000						
1941S	92,360,000						
1942	657,828,600						
1942D	206,698,000						
1942S	85,590,000						
1943	684,628,670						
1943D	217,660,000						
1943S	191,550,000						
1944	1,435,400,000						
1944D	430,578,000						
1944S	282,760,000						
1945	1,040,515,000						
1945D	226,268,000						
1945S	181,770,000						
1946	991,655,000						
1946D	315,690,000						
1946S	198,100,000						
1947	190,555,000						
1947D	194,750,000						
1947S	99,000,000						
1948	317,570,000						
1948D	172,637,500						
1948S	81,735,000						
1949	217,775,000						
1949D	153,132,500						
1949S	64,290,000						
1950	272,686,386						
1950D	334,950,000						
1950S	118,505,000						
1951	284,633,500						

SMALL CENTS

DATE	QUANTITY MINTED	MS-60	MS-65	Proof-65
1951D	625,355,000			
1951S	136,010,000			
1952	186,856,980			
1952D	746,130,000			
1952S	137,800,004			
1953	256,883,800			
1953D	700,515,000			
1953S	181,835,000			
1954	71,873,350			
1954D	251,552,500			
1954S	96,190,000			
1955	330,958,200			
1955D	563,257,500			
1955S	44,610,000			
1956	421,414,384			
1956D	1,098,201,100			
1957	283,787,952			
1957D	1,051,342,000			
1958	253,400,652			
1958D	800,953,300			

LINCOLN MEMORIAL TYPE

DATE	QUANTITY MINTED	MS-60	MS-65	Proof-65
1959	610,864,291			
1959D	1,279,760,000			
1960 Lg. date 1960 Sm. date	588,096,602			
1960D Lg. date 1960D Sm. date	1,580,884,000			
1961	756,373,244			
1961D	1,753,266,700			
1962	609,263,019			
1962D	1,793,148,400			
1963	757,185,645			
1963D	1,774,020,400			
1964	2,652,525,762			
1964D	3,799,071,500			
1965	1,497,224,900			
1966	2,188,147,783			
1967	3,048,667,100			
1968	1,707,880,970			
1968D	2,886,269,600			
1968S	261,311,507			
1969	1,136,910,000			

[13]

SMALL CENTS

		MS-60	MS-65	Proof-65
DATE	QUANTITY MINTED			
1969D	4,002,832,200			
1969S	547,309,631			
1970	1,898,315,000			
1970D	2,891,438,900			
1970S Small date 1970S Large date	693,192,814			
1971	1,919,490,000			
1971D	2,911,045,600			
1971S	528,354,192			
1972	2,933,255,000			
1972D	2,665,071,400			
1972S	380,200,104			
1973	3,728,245,000			
1973D	3,549,576,588			
1973S	319,937,634			
1974	4,232,140,523			
1974D	4,235,098,000			
1974S	412,039,228			
1975	5,451,476,142			
1975D	4,505,275,300			
1975S proof	2,845,450			
1976	4,674,292,426			
1976D	4,221,592,455			
1976S proof	4,149,730			
1977	4,469,930,000			
1977D	4,194,062,300			
1977S proof	3,251,152			
1978	5,558,605,000			
1978D	4,280,233,400			
1978S proof	3,127,781			
1979	6,018,515,000			
1979D	4,139,357,254			
1979S proof	3,677,175			
1980	7,414,705,000			
1980D	5,140,098,660			
1980S proof	3,554,806			
1981	7,491,750,000			
1981D	5,373,235,677			
1981S proof	4,063,083			
Copper				
1982 Lg. date 1982 Sm. date	10,712,525,000			

SMALL CENTS

DATE	QUANTITY MINTED	MS-60	MS-65	Proof-65
1982D Lg. date ..	6,012,979,368			
1982S proof	3,857,479			

Copper Plated Zinc

		MS-60	MS-65	Proof-65
1982 Lg. date .... 1982 Sm. date .. }	inc. above			
1982D Lg. date .. 1982D Sm. date . }	inc. above			
1983	7,752,355,000			
1983D	6,467,199,428			
1983S proof	3,279,126			
1984	8,151,079,000			
1984D	5,569,238,906			
1984S proof	3,065,110			
1985	5,648,489,887			
1985D	5,287,399,926			
1985S proof	3,362,821			
1986	4,491,395,493			
1986D	4,442,866,698			
1986S proof	3,010,497			
1987	4,682,466,931			
1987D	4,879,389,514			
1987S proof	(4,227,728)			
1988	6,092,810,000			
1988D	5,253,740,443			
1988S proof	(3,262,948)			
1989	7,261,535,000			
1989D	5,345,467,111			
1989S proof	(3,220,194)			
1990	6,851,765,000			
1990D	4,922,894,553			
1990S proof				
1991	5,165,940,000			
1991D	4,158,442,070			
1991S proof				
1992				
1992D				
1992S proof				

TWO-CENT PIECES

DATE	QUANTITY MINTED	G-4	VG-8	F-12	EF-40	MS-60	Proof-63
1864 Small Motto	} 19,847,500						
1864 Large Motto							
1865	13,640,000						
1866	3,177,000						
1867	2,938,750						
1868	2,803,750						
1869	1,546,500						
1870	861,250						
1871	721,250						
1872	65,000						
1873 proofs only							

SILVER THREE-CENTS

1851	5,447,400						
1851O	720,000						
1852	18,663,500						
1853	11,400,000						
1854	671,000						
1855	139,000						
1856	1,458,000						
1857	1,042,000						
1858	1,604,000						
1859	365,000						
1860	287,000						
1861	498,000						

SILVER THREE-CENTS

DATE	QUANTITY MINTED	G-4	VG-8	F-12	EF-40	MS-60	Proof-63
1862	343,550						
1863	21,460						
1864	12,470						
1865	8,500						
1866	22,725						
1867	4,625						
1868	4,100						
1869	5,100						
1870	4,000						
1871	4,360						
1872	1,950						
1873 proofs only	600						

NICKEL THREE-CENT PIECES

DATE	QUANTITY MINTED	VG-8	F-12	VF-20	EF-40	MS-60	Proof-63
1865	11,382,000						
1866	4,801,000						
1867	3,915,000						
1868	3,252,000						
1869	1,604,000						
1870	1,335,000						
1871	604,000						
1872	862,000						
1873	1,173,000						
1874	790,000						
1875	228,000						
1876	162,000						
1877 proofs only							
1878 proofs only	2,350						
1879	41,200						
1880	24,955						
1881	1,080,575						
1882	25,300						
1883	10,609						

NICKEL THREE-CENT PIECES

DATE	QUANTITY MINTED	VG-8	F-12	VF-20	EF-40	MS-60	Proof-63
1884	5,642						
1885	4,790						
1886 proofs only	4,290						
1887	7,961						
1887 over 86 pfs only.							
1888	41,083						
1889	21,561						

FIVE-CENT NICKELS

DATE	QUANTITY MINTED	VG-8	F-12	VF-20	EF-40	MS-60	Proof-63
1866 Rays	14,742,500						
1867 Rays } 1867 No Rays }	30,909,500						
1868	28,817,000						
1869	16,395,000						
1870	4,806,000						
1871	561,000						
1872	6,036,000						
1873	4,550,000						
1874	3,538,000						
1875	2,097,000						
1876	2,530,000						
1877 proofs only	510						
1878 proofs only	2,350						
1879	29,100						
1880	19,955						
1881	72,375						
1882	11,476,000						
1883	1,456,919						

NICKELS

DATE	QUANTITY MINTED	VG-8	F-12	VF-20	EF-40	MS-60	Proof-60
1883 No Cents	5,479,519						
1883 Cents	16,032,983						
1884	11,273,942						
1885	1,476,490						
1886	3,330,290						
1887	15,263,652						
1888	10,720,483						
1889	15,881,361						
1890	16,259,272						
1891	16,834,350						
1892	11,699,642						
1893	13,370,195						
1894	5,413,132						
1895	9,979,884						
1896	8,842,920						
1897	20,428,735						
1898	12,532,087						
1899	26,029,031						
1900	27,255,995						
1901	26,480,213						
1902	31,489,579						
1903	28,006,725						
1904	21,404,984						
1905	29,827,276						
1906	38,613,725						
1907	39,214,800						
1908	22,686,177						
1909	11,590,526						
1910	30,169,353						
1911	39,559,372						
1912	26,236,714						
1912D	8,474,000						
1912S	238,000						

VAR. 1 VAR. 2

NICKELS

DATE	QUANTITY MINTED	G-4	VG-8	F-12	VF-20	EF-40	MS-63
1913 Var. 1	30,993,520						
1913 Var. 2	29,858,700						
1913D Var. 1	5,337,000						
1913D Var. 2	4,156,000						
1913S Var. 1	2,105,000						
1913S Var. 2	1,209,000						
1914	20,665,738						
1914D	3,912,000						
1914S	3,470,000						
1915	20,987,270						
1915D	7,569,000						
1915S	1,505,000						
1916	63,498,066						
1916D	13,333,000						
1916S	11,860,000						
1917	51,424,019						
1917D	9,910,000						
1917S	4,193,000						
1918	32,086,314						
1918D 1918D over 7	8,362,000						
1918S	4,882,000						
1919	60,868,000						
1919D	8,006,000						
1919S	7,521,000						
1920	63,093,000						
1920D	9,418,000						
1920S	9,689,000						
1921	10,663,000						
1921S	1,557,000						
1923	35,715,000						
1923S	6,142,000						
1924	21,620,000						
1924D	5,258,000						
1924S	1,437,000						
1925	35,565,100						
1925D	4,450,000						
1925S	6,256,000						
1926	44,693,000						
1926D	5,638,000						
1926S	970,000						
1927	37,981,000						
1927D	5,730,000						

NICKELS

DATE	QUANTITY MINTED	VG-8	F-12	VF-20	EF-40	MS-63	Proof-65
1927S	3,430,000						
1928	23,411,000						
1928D	6,436,000						
1928S	6,936,000						
1929	36,446,000						
1929D	8,370,000						
1929S	7,754,000						
1930	22,849,000						
1930S	5,435,000						
1931S	1,200,000						
1934	20,213,003						
1934D	7,480,000						
1935	58,264,000						
1935D	12,092,000						
1935S	10,300,000						
1936	119,001,420						
1936D	24,814,000						
1936S	14,930,000						
1937	79,485,769						
1937D } 1937D 3 Legged	17,826,000						
1937S	5,635,000						
1938D	7,020,000						

DATE	QUANTITY MINTED	VG-8	F-12	VF-20	EF-40	MS-63	Proof-65
1938	19,515,365						
1938D	5,376,000						
1938S	4,105,000						
1939	120,627,535						
1939D	3,514,000						
1939S	6,630,000						
1940	176,499,158						
1940D	43,540,000						
1940S	39,690,000						
1941	203,283,720						
1941D	53,432,000						

NICKELS

DATE	QUANTITY MINTED	VF-20	EF-40	MS-65	Proof-65
1941S	43,445,000				
1942	49,818,600				
1942D	13,938,000				
War Time Silver Five Cents					
1942P	57,900,600				
1942S	32,900,000				
1943P	271,165,000				
1943D	15,294,000				
1943S	104,060,000				
1944P	119,150,000				
1944D	32,309,000				
1944S	21,640,000				
1945P	119,408,100				
1945D	37,158,000				
1945S	58,939,000				
Regular Pre-war Type					
1946	161,116,000				
1946D	45,292,200				
1946S	13,560,000				
1947	95,000,000				
1947D	37,882,000				
1947S	24,720,000				
1948	89,348,000				
1948D	44,734,000				
1948S	11,300,000				
1949	60,652,000				
1949D	36,498,000				
1949S	9,716,000				
1950	9,847,386				
1950D	2,630,030				
1951	28,609,500				
1951D	20,460,000				
1951S	7,776,000				
1952	64,069,980				
1952D	30,638,000				
1952S	20,572,000				
1953	46,772,800				
1953D	59,878,600				
1953S	19,210,900				
1954	47,917,350				
1954D	117,183,060				
1954S	29,384,000				

NICKELS

DATE	QUANTITY MINTED	VF-20	EF-40	MS-65	Proof-65
1955	8,266,200				
1955D	74,464,100				
1956	35,885,384				
1956D	67,222,940				
1957	39,655,952				
1957D	136,828,900				
1958	17,963,652				
1958D	168,249,120				
1959	28,397,291				
1959D	160,738,240				
1960	57,107,602				
1960D	192,582,180				
1961	76,668,244				
1961D	229,342,760				
1962	100,602,019				
1962D	280,195,720				
1963	178,851,645				
1963D	276,829,460				
1964	1,028,622,762				
1964D	1,787,297,160				
1965	136,131,380				
1966	156,208,238				
1967	107,325,800				
1968D	91,227,880				
1968S	103,437,510				
1969D	202,807,500				
1969S	123,009,631				
1970D	515,485,380				
1970S	241,464,814				
1971	106,884,000				
1971D	316,144,800				
1971S proof	3,220,733				
1972	202,036,000				
1972D	351,694,600				
1972S proof	3,260,996				
1973	384,396,000				
1973D	261,405,000				
1973S proof	2,760,339				
1974	601,752,000				
1974D	277,373,000				
1974S proof	2,612,568				
1975	181,772,000				
1975D	401,875,300				

NICKELS

DATE	QUANTITY MINTED							MS-65	Proof-65
1975S proof	2,845,450								
1976	367,124,000								
1976D	563,964,147								
1976S proof	4,149,730								
1977	585,376,000								
1977D	297,313,422								
1977S proof	3,251,152								
1978	391,308,000								
1978D	313,092,780								
1978S proof	3,127,781								
1979	463,188,000								
1979D	325,867,672								
1979S proof	3,677,175								
1980P	593,004,000								
1980D	502,323,448								
1980S proof	3,554,806								
1981P	657,504,000								
1981D	364,801,843								
1981S proof	4,063,083								
1982P	292,355,000								
1982D	373,726,544								
1982S proof	3,857,479								
1983P	561,615,000								
1983D	536,726,276								
1983S proof	3,279,126								
1984P	746,769,000								
1984D	517,675,146								
1984S proof	3,065,110								
1985P	647,114,962								
1985D	459,747,446								
1985S proof	3,362,821								
1986P	536,883,483								
1986D	361,819,140								
1986S proof	3,010,497								
1987P	371,499,481								
1987D	410,590,604								
1987S proof	(4,227,728)								
1988P	771,360,000								
1988D	663,771,652								
1988S proof	(3,262,948)								
1989P	898,812,000								
1989D	570,842,474								

NICKELS

DATE	QUANTITY MINTED					MS-65	Proof-65
1989S proof	(3,220,194)						
1990P	661,636,000						
1990D	663,938,503						
1990S proof							
1991P	614,104,000						
1991D	436,496,678						
1991S proof							
1992P							
1992D							
1992S proof							

HALF DIMES

DATE	QUANTITY MINTED	G-4	VG-8	F-12	VF-20	EF-40	MS-60
1794	} 86,416						
1795							

1796	10,230						
1797	44,527						

[25]

HALF DIMES

DATE	QUANTITY MINTED	VG-8	F-12	VF-20	EF-40	MS-60	Proof-60
1800	24,000						
1800 LIBEKTY var.	16,000						
1801	27,760						
1802	3,060						
1803	37,850						
1805	15,600						

DATE	QUANTITY MINTED	VG-8	F-12	VF-20	EF-40	MS-60	Proof-60
1829	1,230,000						
1830	1,240,000						
1831	1,242,700						
1832	965,000						
1833	1,370,000						
1834	1,480,000						
1835	2,760,000						
1836	1,900,000						
1837	871,000						

DATE	QUANTITY MINTED	VG-8	F-12	VF-20	EF-40	MS-60	Proof-60
1837 No Stars	1,405,000						
1838O No stars	70,000						

DATE	QUANTITY MINTED	VG-8	F-12	VF-20	EF-40	MS-60	Proof-60
1838 with stars	2,255,000						
1839	1,069,150						

HALF DIMES

DATE	QUANTITY MINTED	VG-8	F-12	VF-20	EF-40	MS-60	Proof-60
1839O	1,034,039						
1840	1,034,000						
1840O	935,000						
1841	1,150,000						
1841O	815,000						
1842	815,000						
1842O	350,000						
1843	1,165,000						
1844	430,000						
1844O	220,000						
1845	1,564,000						
1846	27,000						
1847	1,274,000						
1848	668,000						
1848O	600,000						
1849	1,309,000						
1849O	140,000						
1850	955,000						
1850O	690,000						
1851	781,000						
1851O	860,000						
1852	1,000,500						
1852O	260,000						
1853 Arrows	13,210,020						
1853 No Arrows	135,000						
1853O Arrows	2,200,000						
1853O No Arrows	160,000						
1854 Arrows	5,740,000						
1854O Arrows	1,560,000						
1855 Arrows	1,750,000						
1855O Arrows	600,000						
1856 No Arrows	4,880,000						
1856O	1,100,000						
1857	7,280,000						
1857O	1,380,000						
1858	3,500,000						
1858O	1,660,000						
1859	340,000						
1859O	560,000						

HALF DIMES

DATE	QUANTITY MINTED	VG-8	F-12	VF-20	EF-40	MS-60	Proof-60
1860 Legend	799,000						
1860O	1,060,000						
1861	3,361,000						
1862	1,492,550						
1863	18,460						
1863S	100,000						
1864	48,470						
1864S	90,000						
1865	13,500						
1865S	120,000						
1866	10,725						
1866S	120,000						
1867	8,625						
1867S	120,000						
1868	89,200						
1868S	280,000						
1869	208,600						
1869S	230,000						
1870	536,000						
1871	1,873,960						
1871S	161,000						
1872	2,947,950						
1872S	837,000						
1873	712,600						
1873S	324,000						

DIMES

		G-4	VG-8	F-12	VF-20	EF-40	MS-60
1796	22,135						
1797 16 Stars	25,261						
1797 13 Stars							

DIMES

DATE	QUANTITY MINTED	G-4	VG-8	F-12	VF-20	EF-40	MS-60
1798	27,550						
1798 over 97							
1800	21,760						
1801	34,640						
1802	10,975						
1803	33,040						
1804	8,265						
1805	120,780						
1807	165,000						

1809	51,065						
1811 over 09	65,180						
1814	421,500						
1820	942,587						
1821	1,186,512						
1822	100,000						
1823	440,000						
1824 over 22							
1825	510,000						
1827	1,215,000						
1828 Large Date ..	125,000						
1828 Small Date ..							
1829	770,000						
1830	510,000						
1831	771,350						
1832	522,500						
1833	485,000						

DIMES

DATE	QUANTITY MINTED	G-4	F-12	VF-20	EF-40	MS-60	Proof-60
1834	635,000						
1835	1,410,000						
1836	1,190,000						
1837	359,500						

No Stars on Obverse

1837	682,500						
1838O	406,034						

Stars on Obverse

1838	1,992,500						
1839	1,053,115						
1839O	1,323,000						
1840 No Drapery	981,500						
1840O	1,175,000						
1840 Drapery	337,500						
1841	1,622,500						
1841O	2,007,500						
1842	1,887,500						
1842O	2,020,000						
1843	1,370,000						
1843O	150,000						
1844	72,500						
1845	1,755,000						
1845O	230,000						
1846	31,300						
1847	245,000						
1848	451,500						
1849	839,000						
1849O	300,000						
1850	1,931,500						
1850O	510,000						
1851	1,026,500						
1851O	400,000						
1852	1,535,500						
1852O	430,000						

DIMES

DATE	QUANTITY MINTED	G-4	F-12	VF-20	EF-40	MS-60	Proof-60
1853 No Arrows	95,000						
1853 Arrows	12,078,010						
1853O	1,100,000						
1854	4,470,000						
1854O	1,770,000						
1855	2,075,000						
1856	5,780,000						
1856O	1,180,000						
1856S	70,000						
1857	5,580,000						
1857O	1,540,000						
1858	1,540,000						
1858O	290,000						
1858S	60,000						
1859	430,000						
1859O	480,000						
1859S	60,000						
1860S	140,000						
Legend replaces Stars							
1860	607,000						
1860O	40,000						
1861	1,884,000						
1861S	172,500						
1862	847,550						
1862S	180,750						
1863	14,460						
1863S	157,500						
1864	11,470						
1864S	230,000						
1865	10,500						
1865S	175,000						
1866	8,725						
1866S	135,000						
1867	6,625						
1867S	140,000						
1868	464,600						
1868S	260,000						
1869	256,600						
1869S	450,000						
1870	471,500						
1870S	50,000						
1871	907,710						

DIMES

DATE	QUANTITY MINTED	G-4	F-12	VF-20	EF-40	MS-60	Proof-60
1871CC	20,100						
1871S	320,000						
1872	2,396,450						
1872CC	35,480						
1872S	190,000						
1873 No Arrows	1,568,000						
1873 Arrows	2,378,500						
1873CC No Arrows	12,400						
1873CC Arrows	18,791						
1873S Arrows	455,000						
1874 Arrows	2,940,000						
1874CC Arrows	10,817						
1874S Arrows	240,000						
1875	10,350,700						
1875CC	4,645,000						
1875S	9,070,000						
1876	11,461,150						
1876CC	8,270,000						
1876S	10,420,000						
1877	7,310,510						
1877CC	7,700,000						
1877S	2,340,000						
1878	1,678,800						
1878CC	200,000						
1879	15,100						
1880	37,355						
1881	24,975						
1882	3,911,100						
1883	7,675,712						
1884	3,366,380						
1884S	564,969						
1885	2,533,427						
1885S	43,690						
1886	6,377,570						
1886S	206,524						
1887	11,283,939						
1887S	4,454,450						
1888	5,496,487						
1888S	1,720,000						
1889	7,380,711						
1889S	972,678						
1890	9,911,541						
1890S	1,423,076						

DIMES

DATE	QUANTITY MINTED	VG-8	F-12	VF-20	EF-40	MS-60	Proof-63
1891	15,310,600						
1891O	4,540,000						
1891S	3,196,116						

DATE	QUANTITY MINTED	VG-8	F-12	VF-20	EF-40	MS-60	Proof-63
1892	12,121,245						
1892O	3,841,700						
1892S	990,710						
1893	3,340,792						
1893O	1,760,000						
1893S	2,491,401						
1894	1,330,972						
1894O	720,000						
1894S	24						
1895	690,880						
1895O	440,000						
1895S	1,120,000						
1896	2,000,762						
1896O	610,000						
1896S	575,056						
1897	10,869,264						
1897O	666,000						
1897S	1,342,844						
1898	16,320,735						
1898O	2,130,000						
1898S	1,702,507						
1899	19,580,846						
1899O	2,650,000						
1899S	1,867,493						
1900	17,600,912						
1900O	2,010,000						
1900S	5,168,270						
1901	18,860,478						
1901O	5,620,000						
1901S	593,022						
1902	21,380,777						
1902O	4,500,000						

DIMES

DATE	QUANTITY MINTED	VG-8	F-12	VF-20	EF-40	MS-60	Proof-63
1902S	2,070,000						
1903	19,500,755						
1903O	8,180,000						
1903S	613,300						
1904	14,601,027						
1904S	800,000						
1905	14,552,350						
1905O	3,400,000						
1905S	6,855,199						
1906	19,958,406						
1906D	4,060,000						
1906O	2,610,000						
1906S	3,136,640						
1907	22,220,575						
1907D	4,080,000						
1907O	5,058,000						
1907S	3,178,470						
1908	10,600,545						
1908D	7,490,000						
1908O	1,789,000						
1908S	3,220,000						
1909	10,240,650						
1909D	954,000						
1909O	2,287,000						
1909S	1,000,000						
1910	11,520,551						
1910D	3,490,000						
1910S	1,240,000						
1911	18,870,543						
1911D	11,209,000						
1911S	3,520,000						
1912	19,350,000						
1912D	11,760,000						
1912S	3,420,000						
1913	19,760,622						
1913S	510,000						
1914	17,360,655						
1914D	11,908,000						
1914S	2,100,000						
1915	5,620,450						
1915S	960,000						
1916	18,490,000						
1916S	5,820,000						

DIMES

DATE	QUANTITY MINTED	F-12	VF-20	EF-40	MS-60	MS-65	Proof-65
1916	22,180,080						
1916D	264,000						
1916S	10,450,000						
1917	55,230,000						
1917D	9,402,000						
1917S	27,330,000						
1918	26,680,000						
1918D	22,674,800						
1918S	19,300,000						
1919	35,740,000						
1919D	9,939,000						
1919S	8,850,000						
1920	59,030,000						
1920D	19,171,000						
1920S	13,820,000						
1921	1,230,000						
1921D	1,080,000						
1923	50,130,000						
1923S	6,440,000						
1924	24,010,000						
1924D	6,810,000						
1924S	7,120,000						
1925	25,610,000						
1925D	5,117,000						
1925S	5,850,000						
1926	32,160,000						
1926D	6,828,000						
1926S	1,520,000						
1927	28,080,000						
1927D	4,812,000						
1927S	4,770,000						
1928	19,480,000						
1928D	4,161,000						
1928S	7,400,000						
1929	25,970,000						
1929D	5,034,000						
1929S	4,730,000						

DIMES

DATE	QUANTITY MINTED	F-12	VF-20	EF-40	MS-60	MS-65	Proof-65
1930	6,770,000						
1930S	1,843,000						
1931	3,150,000						
1931D	1,260,000						
1931S	1,800,000						
1934	24,080,000						
1934D	6,772,000						
1935	58,830,000						
1935D	10,477,000						
1935S	15,840,000						
1936	87,504,130						
1936D	16,132,000						
1936S	9,210,000						
1937	56,865,756						
1937D	14,146,000						
1937S	9,740,000						
1938	22,198,728						
1938D	5,537,000						
1938S	8,090,000						
1939	67,749,321						
1939D	24,394,000						
1939S	10,540,000						
1940	65,361,827						
1940D	21,198,000						
1940S	21,560,000						
1941	175,106,557						
1941D	45,634,000						
1941S	43,090,000						
1942 1942, 2 over 1	205,432,329						
1942D 1942D, 2 over 1	60,740,000						
1942S	49,300,000						
1943	191,710,000						
1943D	71,949,000						
1943S	60,400,000						
1944	231,410,000						
1944D	62,224,000						
1944S	49,490,000						
1945	159,130,000						
1945D	40,245,000						
1945S	41,920,000						

DIMES

DATE	QUANTITY MINTED			MS-60	MS-65	Proof-65
1946	255,250,000					
1946D	61,043,500					
1946S	27,900,000					
1947	121,520,000					
1947D	46,835,000					
1947S	34,840,000					
1948	74,950,000					
1948D	52,841,000					
1948S	35,520,000					
1949	30,940,000					
1949D	26,034,000					
1949S	13,510,000					
1950	50,181,500					
1950D	46,803,000					
1950S	20,440,000					
1951	103,937,602					
1951D	56,529,000					
1951S	31,630,000					
1952	99,122,073					
1952D	122,100,000					
1952S	44,419,500					
1953	53,618,920					
1953D	136,433,000					
1953S	39,180,000					
1954	114,243,503					
1954D	106,397,000					
1954S	22,860,000					
1955	12,828,381					
1955D	13,959,000					
1955S	18,510,000					
1956	109,309,384					
1956D	108,015,100					
1957	161,407,952					
1957D	113,354,330					
1958	32,785,652					
1958D	136,564,600					
1959	86,929,291					

DIMES

DATE	QUANTITY MINTED	MS-63	MS-65	Proof-65
1959D	164,919,790			
1960	72,081,602			
1960D	200,160,400			
1961	96,758,244			
1961D	209,146,550			
1962	75,668,019			
1962D	334,948,380			
1963	126,725,645			
1963D	421,476,530			
1964	933,310,762			
1964D	1,357,517,180			
1965	1,652,140,570			
1966	1,382,734,540			
1967	2,244,007,320			
1968	424,470,400			
1968D	480,748,280			
1968S proof	3,041,506			
1969	145,790,000			
1969D	563,323,870			
1969S proof	2,934,631			
1970	345,570,000			
1970D	754,942,100			
1970S proof	2,632,810			
1971	162,690,000			
1971D	377,914,240			
1971S proof	3,220,733			
1972	431,540,000			
1972D	330,290,000			
1972S proof	3,260,996			
1973	315,670,000			
1973D	455,032,426			
1973S proof	2,760,339			
1974	470,248,000			
1974D	571,083,000			
1974S proof	2,612,568			
1975	585,673,900			
1975D	313,705,300			
1975S proof	2,845,450			
1976	568,760,000			
1976D	695,222,774			
1976S proof	4,149,730			
1977	796,930,000			
1977D	376,607,228			

DIMES

DATE	QUANTITY MINTED	MS-63	MS-65	Proof-65
1977S proof	3,251,152			
1978	663,980,000			
1978D	282,847,540			
1978S proof	3,127,781			
1979	315,440,000			
1979D	390,921,184			
1979S proof	3,677,175			
1980P	735,170,000			
1980D	719,354,321			
1980S proof	3,554,806			
1981P	676,650,000			
1981D	712,284,143			
1981S proof	4,063,083			
1982 (no m.m.) 1982P	519,475,000			
1982D	542,713,584			
1982S proof	3,857,479			
1983P	647,025,000			
1983D	730,129,224			
1983S proof	3,279,126			
1984P	856,669,000			
1984D	704,803,976			
1984S proof	3,065,110			
1985P	705,200,962			
1985D	587,979,970			
1985S proof	3,362,821			
1986P	682,649,693			
1986D	473,326,970			
1986S proof	3,010,497			
1987P	762,704,481			
1987D	653,203,402			
1987S proof	(4,227,728)			
1988P	1,030,550,000			
1988D	962,385,489			
1988S proof	(3,262,948)			
1989P	1,298,400,000			
1989D	896,535,597			
1989S proof	(3,220,194)			
1990P	1,034,340,000			
1990D	839,995,824			
1990S proof				
1991P	927,220,000			

DIMES

DATE	QUANTITY MINTED	MS-63	MS-65	Proof-65
1991D	601,241,114			
1991S proof				
1992P				
1992D				
1992S proof				

TWENTY-CENT PIECES

DATE	QUANTITY MINTED	G-4	VG-8	F-12	VF-20	EF-40	MS-60
1875	39,700						
1875CC	133,290						
1875S	1,155,000						
1876	15,900						
1876CC	10,000						
1877 proofs only	350						
1878 proofs only	600						

QUARTER DOLLARS

[40]

QUARTERS

DATE	QUANTITY MINTED	G-4	VG-8	F-12	VF-20	EF-40	MS-60
1796	6,146						
1804	6,738						
1805	121,395						
1806	206,124						
1806 over 05							
1807	220,643						

DATE	QUANTITY MINTED	G-4	VG-8	F-12	VF-20	EF-40	MS-60
1815	89,235						
1818	361,174						
1818 over 15							
1819	144,000						
1820	127,444						
1821	216,851						
1822	64,080						
1822 25 over 50¢							
1823 over 22	17,800						
1824							
1825	168,000						
1825 over date							
1827	4,000						
1828	102,000						
1828 25 over 50¢							

Reduced Size

DATE	QUANTITY MINTED	G-4	VG-8	F-12	VF-20	EF-40	MS-60
1831	398,000						
1832	320,000						
1833	156,000						
1834	286,000						
1835	1,952,000						
1836	472,000						
1837	252,400						
1838	366,000						

QUARTERS

DATE	QUANTITY MINTED	G-4	VG-8	F-12	VF-20	EF-40	MS-60
1838	466,000						
1839	491,146						
1840O No Drapery	382,200						
1840 Drapery	188,127						
1840O Drapery	43,000						
1841	120,000						
1841O	452,000						
1842	88,000						
1842O	769,000						
1843	645,600						
1843O	968,000						
1844	421,200						
1844O	740,000						
1845	922,000						
1846	510,000						
1847	734,000						
1847O	368,000						
1848	146,000						
1849	340,000						
1849O							
1850	190,800						
1850O	412,000						
1851	160,000						
1851O	88,000						
1852	177,060						
1852O	96,000						
1853 No Arrs.-Rays	44,200						
1853 Arrows-Rays	15,210,020						
1853O Arrows-Rays	1,332,000						
1854	12,380,000						
1854O	1,484,000						
1855	2,857,000						
1855O	176,000						
1855S	396,400						

QUARTERS

DATE	QUANTITY MINTED	G-4	VG-8	F-12	VF-20	EF-40	MS-60
1856	7,264,000						
1856O	968,000						
1856S	286,000						
1857	9,644,000						
1857O	1,180,000						
1857S	82,000						
1858	7,368,000						
1858O	520,000						
1858S	121,000						
1859	1,344,000						
1859O	260,000						
1859S	80,000						
1860	805,400						
1860O	388,000						
1860S	56,000						
1861	4,854,600						
1861S	96,000						
1862	932,550						
1862S	67,000						
1863	192,060						
1864	94,070						
1864S	20,000						
1865	59,300						
1865S	41,000						

Motto over Eagle

DATE	QUANTITY MINTED	VG-8	F-12	VF-20	EF-40	MS-60	Proof-60
1866	17,525						
1866S	28,000						
1867	20,625						
1867S	48,000						
1868	30,000						
1868S	96,000						
1869	16,600						
1869S	76,000						
1870	87,400						
1870CC	8,340						
1871	119,160						
1871CC	10,890						
1871S	30,900						
1872	182,950						
1872CC	22,850						

QUARTERS

DATE	QUANTITY MINTED	VG-8	F-12	VF-20	EF-40	MS-60	Proof-60
1872S	83,000						
1873 No Arrows	212,600						
1873 Arrows	1,271,700						
1873CC No Arrows	4,000						
1873CC Arrows	12,462						
1873S Arrows	156,000						
1874 Arrows	471,900						
1874S Arrows	392,000						
1875 No Arrows	4,293,500						
1875CC	140,000						
1875S	680,000						
1876	17,817,150						
1876CC	4,944,000						
1876S	8,596,000						
1877	10,911,710						
1877CC	4,192,000						
1877S	8,996,000						
1878	2,260,800						
1878CC	996,000						
1878S	140,000						
1879	14,700						
1880	14,955						
1881	12,975						
1882	16,300						
1883	15,439						
1884	8,875						
1885	14,530						
1886	5,886						
1887	10,710						
1888	10,833						
1888S	1,216,000						
1889	12,711						
1890	80,590						
1891	3,920,600						
1891O	68,000						
1891S	2,216,000						

QUARTERS

DATE	QUANTITY MINTED	VG-8	F-12	VF-20	EF-40	MS-60	Proof-63
1892	8,237,245						
1892O	2,640,000						
1892S	964,079						
1893	5,444,815						
1893O	3,396,000						
1893S	1,454,535						
1894	3,432,972						
1894O	2,852,000						
1894S	2,648,821						
1895	4,440,880						
1895O	2,816,000						
1895S	1,764,681						
1896	3,874,762						
1896O	1,484,000						
1896S	188,039						
1897	8,140,731						
1897O	1,414,800						
1897S	542,229						
1898	11,100,735						
1898O	1,868,000						
1898S	1,020,592						
1899	12,624,846						
1899O	2,644,000						
1899S	708,000						
1900	10,016,912						
1900O	3,416,000						
1900S	1,858,585						
1901	8,892,813						
1901O	1,612,000						
1901S	72,664						
1902	12,197,744						
1902O	4,748,000						
1902S	1,524,612						
1903	9,670,064						
1903O	3,500,000						

QUARTERS

DATE	QUANTITY MINTED	VG-8	F-12	VF-20	EF-40	MS-60	Proof-63
1903S	1,036,000						
1904	9,588,813						
1904O	2,456,000						
1905	4,968,250						
1905O	1,230,000						
1905S	1,884,000						
1906	3,656,435						
1906D	3,280,000						
1906O	2,056,000						
1907	7,192,575						
1907D	2,484,000						
1907O	4,560,000						
1907S	1,360,000						
1908	4,232,545						
1908D	5,788,000						
1908O	6,244,000						
1908S	784,000						
1909	9,268,650						
1909D	5,114,000						
1909O	712,000						
1909S	1,348,000						
1910	2,244,551						
1910D	1,500,000						
1911	3,720,543						
1911D	933,600						
1911S	988,000						
1912	4,400,700						
1912S	708,000						
1913	484,613						
1913D	1,450,800						
1913S	40,000						
1914	6,244,610						
1914D	3,046,000						
1914S	264,000						
1915	3,480,450						
1915D	3,694,000						
1915S	704,000						
1916	1,788,000						
1916D	6,540,888						

QUARTERS

DATE	QUANTITY MINTED	G-4	VG-8	F-12	VF-20	EF-40	MS-60
1916 No stars	52,000						
1917 No stars	8,740,000						
1917D No stars	1,509,200						
1917S No stars	1,952,000						
1917 Stars	13,880,000						
1917D Stars	6,224,400						
1917S Stars	5,552,000						
1918	14,240,000						
1918D	7,380,000						
1918S	11,072,000						
1918S 8 over 7							
1919	11,324,000						
1919D	1,944,000						
1919S	1,836,000						
1920	27,860,000						
1920D	3,586,400						
1920S	6,380,000						
1921	1,916,000						
1923	9,716,000						
1923S	1,360,000						
1924	10,920,000						
1924D	3,112,000						
1924S	2,860,000						
1925	12,280,000						
1926	11,316,000						
1926D	1,716,000						
1926S	2,700,000						
1927	11,912,000						
1927D	976,000						
1927S	396,000						
1928	6,336,000						
1928D	1,627,600						
1928S	2,644,000						

QUARTERS

DATE	QUANTITY MINTED	G-4	VG-8	F-12	VF-20	EF-40	MS-60
1929	11,140,000						
1929D	1,358,000						
1929S	1,764,000						
1930	5,632,000						
1930S	1,556,000						

		F-12	VF-20	EF-40	MS-60	MS-65	Proof-65
1932	5,404,000						
1932D	436,800						
1932S	408,000						
1934	31,912,052						
1934D	3,527,200						
1935	32,484,000						
1935D	5,780,000						
1935S	5,660,000						
1936	41,303,837						
1936D	5,374,000						
1936S	3,828,000						
1937	19,701,542						
1937D	7,189,600						
1937S	1,652,000						
1938	9,480,045						
1938S	2,832,000						
1939	33,548,795						
1939D	7,092,000						
1939S	2,628,000						
1940	35,715,246						
1940D	2,797,600						
1940S	8,244,000						
1941	79,047,287						
1941D	16,714,800						
1941S	16,080,000						

QUARTERS

DATE	QUANTITY MINTED	F-12	VF-20	EF-40	MS-60	MS-65	Proof-65
1942	102,117,123						
1942D	17,487,200						
1942S	19,384,000						
1943	99,700,000						
1943D	16,095,600						
1943S	21,700,000						
1944	104,956,000						
1944D	14,600,800						
1944S	12,560,000						
1945	74,372,000						
1945D	12,341,600						
1945S	17,004,001						
1946	53,436,000						
1946D	9,072,800						
1946S	4,204,000						
1947	22,556,000						
1947D	15,338,400						
1947S	5,532,000						
1948	35,196,000						
1948D	16,766,800						
1948S	15,960,000						
1949	9,312,000						
1949D	10,068,400						
1950	24,971,512						
1950D	21,075,600						
1950S	10,284,004						
1951	43,505,602						
1951D	35,354,800						
1951S	9,048,000						
1952	38,862,073						
1952D	49,795,200						
1952S	13,707,800						
1953	18,664,920						
1953D	56,112,400						
1953S	14,016,000						
1954	54,645,503						
1954D	42,305,500						
1954S	11,834,722						
1955	18,558,381						
1955D	3,182,400						
1956	44,813,384						
1956D	32,334,500						

QUARTERS

DATE	QUANTITY MINTED	VF-20	EF-40	MS-60	MS-65	Proof-65
1957	47,779,952					
1957D	77,924,160					
1958	7,235,652					
1958D	78,124,900					
1959	25,533,291					
1959D	62,054,232					
1960	30,855,602					
1960D	63,000,324					
1961	40,064,244					
1961D	83,656,928					
1962	39,374,019					
1962D	127,554,756					
1963	77,391,645					
1963D	135,288,184					
1964	564,341,347					
1964D	704,135,528					
1965	1,819,717,540					
1966	821,101,500					
1967	1,524,031,848					
1968	220,731,500					
1968D	101,534,000					
1968S proof	3,041,506					
1969	176,212,000					
1969D	114,372,000					
1969S proof	2,934,631					
1970	136,420,000					
1970D	417,341,364					
1970S proof	2,632,810					
1971	109,284,000					
1971D	258,634,428					
1971S proof	3,220,733					
1972	215,048,000					
1972D	311,067,732					
1972S proof	3,260,996					
1973	346,924,000					
1973D	232,977,400					
1973S proof	2,760,339					
1974	801,456,000					
1974D	353,160,300					
1974S proof	2,612,568					

Bicentennial Type

1976 cop.-nick.	809,784,016					

QUARTERS

DATE	QUANTITY MINTED	MS-60	MS-65	Proof-65
1976D cop.-nick.	860,118,839			
1976S cop.-nick.	7,059,099			
1976S silver-clad	15,000,000			

Eagle Reverse Resumed

DATE	QUANTITY MINTED	MS-60	MS-65	Proof-65
1977	468,556,000			
1977D	256,524,978			
1977S proof	3,251,152			
1978	521,452,000			
1978D	287,373,152			
1978S proof	3,127,781			
1979	515,708,000			
1979D	489,789,780			
1979S proof	3,677,175			
1980P	635,832,000			
1980D	518,327,487			
1980S proof	3,554,806			
1981P	601,716,000			
1981D	575,722,833			
1981S proof	4,063,083			
1982P	500,931,000			
1982D	480,042,788			
1982S proof	3,857,479			
1983P	673,535,000			
1983D	617,806,446			
1983S proof	3,279,126			
1984P	676,545,000			
1984D	546,483,064			
1984S proof	3,065,110			
1985P	775,818,962			
1985D	519,962,888			
1985S proof	3,362,821			
1986P	551,199,333			
1986D	504,298,660			
1986S proof	3,010,497			
1987P	582,499,481			
1987D	655,594,696			
1987S proof	(4,227,728)			
1988P	562,052,000			
1988D	596,810,688			
1988S proof	(3,262,948)			
1989P	512,868,000			
1989D	896,535,597			
1989S proof	(3,220,194)			

QUARTERS

DATE	QUANTITY MINTED	MS-60	MS-65	Proof-65
1990P	613,792,000			
1990D	927,638,181			
1990S proof				
1991P	570,968,000			
1991D	630,966,693			
1991S proof				
1992P				
1992D				
1992S proof				

HALF DOLLARS

	AG-3	G-4	VG-8	F-12	VF-20	EF-40
1794 — 23,464						
1795 — 299,680						

HALF DOLLARS

DATE	QUANTITY MINTED	AG-3	G-4	VG-8	F-12	VF-20	EF-40
1796 .... }	3,918						
1797							

Heraldic Eagle

1801	30,289						
1802	29,890						

		G-4	VG-8	F-12	VF-20	EF-40	MS-60
1803	188,234						
1805 .... }	211,722						
1805 over 4							
1806	839,576						
1806 over 5 .... }							
1806 over 9							
1807	301,076						

HALF DOLLARS

DATE	QUANTITY MINTED	G-4	VG-8	F-12	VF-20	EF-40	MS-60
1807	750,500						
1807 50 over 20¢							
1808	1,368,600						
1808 over 7							
1809	1,405,810						
1810	1,276,276						
1811	1,203,644						
1812	1,628,059						
1812 2 over 1							
1813	1,241,903						
1814	1,039,075						
1814 4 over 3							
1815 5 over 2	47,150						
1817	1,215,567						
1817 dated 181.7							
1817 over 13							
1818	1,960,322						
1818 8 over 7							
1819	2,208,000						
1819 9 over 8							
1820	751,122						
1820 over 19							
1821	1,305,797						
1822	1,559,573						
1822 2 over 1							
1823 normal date	1,694,200						
1823 date variety							
1824	3,504,954						
1824 4 over 1							
1824 4 over 4							
1825	2,943,166						
1826	4,004,180						
1827	5,493,400						
1827 7 over 6							
1828	3,075,200						
1829	3,712,156						
1829 9 over 7							
1830	4,764,800						
1831	5,873,660						
1832	4,797,000						
1833	5,206,000						
1834	6,412,004						
1835	5,352,006						

HALF DOLLARS

DATE	QUANTITY MINTED	G-4	VG-8	F-12	VF-20	EF-40	MS-60
1836	6,545,000						
1836 50 over 00							

Reeded Edge

1836	1,200						
1837	3,629,820						
1938	3,546,000						
1838O	———						
1839	1,392,976						
1839O	178,976						

1839	1,972,400						
1840	1,435,008						
1840O	855,100						
1841	310,000						
1841O	401,000						
1842O Sm. date	203,000						
1842	2,012,764						
1842O	754,000						
1843	3,844,000						
1843O	2,268,000						
1844	1,766,000						
1844O	2,005,000						
1845	589,000						
1845O	2,094,000						
1846	2,210,000						
1846 over horiz. 6							
1846O	2,304,000						
1847	1,156,000						
1847 over 6							
1847O	2,584,000						
1848	580,000						
1848O	3,180,000						

HALF DOLLARS

DATE	QUANTITY MINTED	VG-8	F-12	VF-20	EF-40	MS-60	Proof-60
1849	1,252,000						
1849O	2,310,000						
1850	227,000						
1850O	2,456,000						
1851	200,750						
1851O	402,000						
1852	77,130						
1852O	144,000						

Arrows at date

DATE	QUANTITY MINTED	VG-8	F-12	VF-20	EF-40	MS-60	Proof-60
1853	3,532,708						
1853O	1,328,000						
1854	2,982,000						
1854O	5,240,000						
1855 / 1855 over 1854	759,500						
1855O	3,688,000						
1855S	129,950						

Arrows Removed

DATE	QUANTITY MINTED	VG-8	F-12	VF-20	EF-40	MS-60	Proof-60
1856	938,000						
1856O	2,658,000						
1856S	211,000						
1857	1,988,000						
1857O	818,000						
1857S	158,000						
1858	4,226,000						
1858O	7,294,000						
1858S	476,000						
1859	748,000						
1859O	2,834,000						
1859S	566,000						
1860	303,700						
1860O	1,290,000						
1860S	472,000						
1861	2,888,400						
1861O	2,532,633						
1861S	939,500						
1862	253,550						
1862S	1,352,000						
1863	503,660						
1863S	916,000						
1864	379,570						
1864S	658,000						

HALF DOLLARS

DATE	QUANTITY MINTED	VG-8	F-12	VF-20	EF-40	MS-60	Proof-60
1865	511,900						
1865S	675,000						
1866S	60,000						

Motto over Eagle

1866	745,625						
1866S	994,000						
1867	449,925						
1867S	1,196,000						
1868	418,200						
1868S	1,160,000						
1869	795,900						
1869S	656,000						
1870	634,900						
1870CC	54,617						
1870S	1,004,000						
1871	1,204,560						
1871CC	153,950						
1871S	2,178,000						
1872	881,550						
1872CC	257,000						
1872S	580,000						
1873 No Arrows	587,600						
1873 Arrows	1,815,700						
1873CC No Arrows	122,500						
1873CC Arrows	214,560						
1873S Arrows	228,000						
1874 Arrows	2,360,300						
1874CC Arrows	59,000						
1874S Arrows	394,000						

Arrows Removed

1875	6,027,500						
1875CC	1,008,000						
1875S	3,200,000						
1876	8,419,150						
1876CC	1,956,000						
1876S	4,528,000						
1877	8,304,510						
1877CC	1,420,000						
1877S	5,356,000						
1878	1,378,400						
1878CC	62,000						
1878S	12,000						
1879	5,900						

HALF DOLLARS

DATE	QUANTITY MINTED	VG-8	F-12	VF-20	EF-40	MS-60	Proof-63
1880	9,755						
1881	10,975						
1882	5,500						
1883	9,039						
1884	5,275						
1885	6,130						
1886	5,886						
1887	5,710						
1888	12,833						
1889	12,711						
1890	12,590						
1891	200,600						

1892	935,245						
1892O	390,000						
1892S	1,029,028						
1893	1,826,792						
1893O	1,389,000						
1893S	740,000						
1894	1,148,972						
1894O	2,138,000						
1894S	4,048,690						
1895	1,835,218						
1895O	1,766,000						
1895S	1,108,086						
1896	950,762						
1896O	924,000						
1896S	1,140,948						
1897	2,480,731						
1897O	632,000						
1897S	933,900						
1898	2,956,735						

HALF DOLLARS

DATE	QUANTITY MINTED	VG-8	F-12	VF-20	EF-40	MS-60	Proof-63
1898O	874,000						
1898S	2,358,550						
1899	5,538,846						
1899O	1,724,000						
1899S	1,686,411						
1900	4,762,912						
1900O	2,744,000						
1900S	2,560,322						
1901	4,268,813						
1901O	1,124,000						
1901S	847,044						
1902	4,922,777						
1902O	2,526,000						
1902S	1,460,670						
1903	2,278,755						
1903O	2,100,000						
1903S	1,920,772						
1904	2,992,670						
1904O	1,117,600						
1904S	553,038						
1905	662,727						
1905O	505,000						
1905S	2,494,000						
1906	2,638,675						
1906D	4,028,000						
1906O	2,446,000						
1906S	1,740,154						
1907	2,598,575						
1907D	3,856,000						
1907O	3,946,600						
1907S	1,250,000						
1908	1,354,545						
1908D	3,280,000						
1908O	5,360,000						
1908S	1,644,828						
1909	2,368,650						
1909O	925,400						
1909S	1,764,000						
1910	418,551						
1910S	1,948,000						
1911	1,406,543						
1911D	695,080						
1911S	1,272,000						

HALF DOLLARS

DATE	QUANTITY MINTED	VG-8	F-12	VF-20	EF-40	MS-60	Proof-63
1912	1,550,700						
1912D	2,300,800						
1912S	1,370,000						
1913	188,627						
1913D	534,000						
1913S	604,000						
1914	124,610						
1914S	992,000						
1915	138,450						
1915D	1,170,400						
1915S	1,604,000						

DATE	QUANTITY MINTED	VG-8	F-12	VF-20	EF-40	MS-60	Proof-63
1916	608,000						
1916D	1,014,400						
1916S	508,000						
1917	12,292,000						
1917D on Obv	765,400						
1917D on Rev	1,940,000						
1917S on Obv	952,000						
1917S on Rev	5,554,000						
1918	6,634,000						
1918D	3,853,040						
1918S	10,282,000						
1919	962,000						
1919D	1,165,000						
1919S	1,552,000						
1920	6,372,000						
1920D	1,551,000						
1920S	4,624,000						
1921	246,000						
1921D	208,000						
1921S	548,000						
1923S	2,178,000						

HALF DOLLARS

DATE	QUANTITY MINTED	VG-8	F-12	VF-20	EF-40	MS-60	Proof-65
1927S	2,392,000						
1928S	1,940,000						
1929D	1,001,200						
1929S	1,902,000						
1933S	1,786,000						
1934	6,964,000						
1934D	2,361,400						
1934S	3,652,000						
1935	9,162,000						
1935D	3,003,800						
1935S	3,854,000						
1936	12,617,901						
1936D	4,252,400						
1936S	3,884,000						
1937	9,527,728						
1937D	1,676,000						
1937S	2,090,000						
1938	4,118,152						
1938D	491,600						
1939	6,820,808						
1939D	4,267,800						
1939S	2,552,000						
1940	9,167,279						
1940S	4,550,000						
1941	24,207,412						
1941D	11,248,400						
1941S	8,098,000						
1942	47,839,120						
1942D	10,973,800						
1942S	12,708,000						
1943	53,190,000						
1943D	11,346,000						
1943S	13,450,000						
1944	28,206,000						
1944D	9,769,000						
1944S	8,904,000						
1945	31,502,000						
1945D	9,966,800						
1945S	10,156,000						
1946	12,118,000						
1946D	2,151,000						
1946S	3,724,000						

HALF DOLLARS

DATE	QUANTITY MINTED	VF-20	EF-40	MS-63	MS-65	Proof-65
1947	4,094,000					
1947D	3,900,600					

DATE	QUANTITY MINTED	VF-20	EF-40	MS-63	MS-65	Proof-65
1948	3,006,814					
1948D	4,028,600					
1949	5,614,000					
1949D	4,120,600					
1949S	3,744,000					
1950	7,793,509					
1950D	8,031,600					
1951	16,859,602					
1951D	9,475,200					
1951S	13,696,000					
1952	21,274,073					
1952D	25,395,600					
1952S	5,526,000					
1953	2,796,920					
1953D	20,900,400					
1953S	4,148,000					
1954	13,421,503					
1954D	25,445,580					
1954S	4,993,400					
1955	2,876,381					
1956	4,701,384					
1957	6,361,952					
1957D	19,966,850					
1958	4,917,652					
1958D	23,962,412					
1959	7,349,291					
1959D	13,053,750					
1960	7,715,602					
1960D	18,215,812					
1961	11,318,244					

HALF DOLLARS

DATE	QUANTITY MINTED	VF-20	EF-40	MS-63	MS-65	Proof-65
1961D	20,276,442					
1962	12,932,019					
1962D	35,473,281					
1963	25,239,645					
1963D	67,069,292					

1964	277,254,766					
1964D	156,205,446					
1965	65,879,366					
1966	108,984,932					
1967	295,046,978					
1968D	246,951,930					
1968S proof	3,041,506					
1969D	129,881,800					
1969S proof	2,934,631					
1970D	2,150,000					
1970S proof	2,632,810					
1971	155,164,000					
1971D	302,097,424					
1971S proof	3,220,733					
1972	153,180,000					
1972D	141,890,000					
1972S proof	3,260,996					
1973	64,964,000					
1973D	83,171,400					
1973S proof	2,760,339					
1974	201,596,000					
1974D	79,066,300					
1974S proof	2,612,568					

HALF DOLLARS

Bicentenial Type

			MS-63	MS-65	Proof-65

DATE	QUANTITY MINTED
1976 cop.-nic.	234,308,000
1976D cop.-nic.	287,565,248
1976S cop.-nic.	7,059,099
1976S silver-clad	15,000,000

Eagle Reverse Resumed

1977	43,598,000
1977D	31,449,106
1977S proof	3,251,152
1978	14,350,000
1978D	13,765,799
1978S proof	3,127,781
1979	68,312,000
1979D	15,815,422
1979S proof	3,677,175
1980P	44,134,000
1980D	33,456,449
1980S proof	3,554,806
1981P	29,544,000
1981D	27,839,533
1981S proof	4,063,083
1982P	10,819,000
1982D	13,140,102
1982S proof	3,857,479
1983P	34,139,000
1983D	32,472,244
1983S proof	3,279,126
1984P	26,029,000
1984D	26,262,158
1984S proof	3,065,110
1985P	18,706,962
1985D	19,814,034
1985S proof	3,362,821

HALF DOLLARS

DATE	QUANTITY MINTED	MS-63	MS-65	Proof-65
1986P	13,107,633			
1986D	15,336,145			
1986S proof	3,010,497			
1987P	2,890,758			
1987D	2,890,758			
1987S proof	(4,227,728)			
1988P	13,626,000			
1988D	12,000,096			
1988S proof	(3,262,948)			
1989P	24,542,000			
1989D	23,000,216			
1989S proof	(3,220,194)			
1990P	22,278,000			
1990D	20,096,242			
1990S proof				
1991P	14,874,000			
1991D	15,054,678			
1991S proof				
1992P				
1992D				
1992S proof				

SILVER DOLLARS

DATE	QUANTITY MINTED	G-4	VG-8	F-12	VF-20	EF-40	MS-60
1794	1,758						
1795	160,295						

1795 Bust Type	42,738						
1796	72,920						
1797	7,776						
1798 15 stars	} 327,536						
1798 13 stars							
1798 Her. Eag.							
1799	423,515						
1800	220,920						
1801	54,454						
1802	} 41,650						
1802 2 over 1							
1803	85,634						

SILVER DOLLARS

DATE	QUANTITY MINTED	VG-8	F-12	VF-20	EF-40	MS-60	Proof-60
1836 all kinds							
1838 all kinds							
1839 all kinds							

DATE	QUANTITY MINTED	VG-8	F-12	VF-20	EF-40	MS-60	Proof-60
1840	61,005						
1841	173,000						
1842	184,618						
1843	165,100						
1844	20,000						
1845	24,500						
1846	110,600						
1846O	59,000						
1847	140,750						
1848	15,000						

SILVER DOLLARS

DATE	QUANTITY MINTED	VG-8	F-12	VF-20	EF-40	MS-60	Proof-60
1849	62,600						
1850	7,500						
1850O	40,000						
1851	1,300						
1852	1,100						
1853	46,110						
1854	33,140						
1855	26,000						
1856	63,500						
1857	94,000						
1858 proofs only	*300*						
1859	256,500						
1859O	360,000						
1859S	20,000						
1860	218,930						
1860O	515,000						
1861	78,500						
1862	12,090						
1863	27,660						
1864	31,170						
1865	47,000						

Motto "In God We Trust" added

1866	49,625						
1867	47,525						
1868	162,700						
1869	424,300						
1870	416,000						
1870CC	12,462						
1871	1,074,760						
1871CC	1,376						
1872	1,106,450						
1872CC	3,150						
1872S	9,000						
1873	293,600						
1873CC	2,300						

SILVER DOLLARS

TRADE DOLLARS

DATE	QUANTITY MINTED	VG-8	F-12	VF-20	EF-40	MS-60	Proof-60
1873	397,500						
1873CC	124,500						
1873S	703,000						
1874	987,800						
1874CC	1,373,200						
1874S	2,549,000						
1875	218,900						
1875CC	1,573,700						
1875S	4,487,000						
1876	456,150						
1876CC	509,000						
1876S	5,227,000						
1877	3,039,710						
1877CC	534,000						
1877S	9,519,000						
1878 proofs only	900						
1878CC	97,000						
1878S	4,162,000						
1879 proofs only	1,541						
1880 proofs only	1,987						
1881 proofs only	960						
1882 proofs only	1,097						
1883 proofs only	979						
1884 proofs only	10						
1885 proofs only	5						

SILVER DOLLARS

DATE	QUANTITY MINTED	VG-8	F-12	EF-40	MS-60	MS-63	Proof-60
1878, 8 tail feath.	750,000						
1878, 7 tail feath.	9,759,550						
1878CC	2,212,000						
1878S	9,774,000						
1879	14,807,100						
1879CC	756,000						
1879O	2,887,000						
1879S	9,110,000						
1880	12,601,355						
1880CC	591,000						
1880O	5,305,000						
1880S	8,900,000						
1881	9,163,975						
1881CC	296,000						
1881O	5,708,000						
1881S	12,760,000						
1882	11,101,100						
1882CC	1,133,000						
1882O	6,090,000						
1882S	9,250,000						
1883	12,291,039						
1883CC	1,204,000						
1883O	8,725,000						
1883S	6,250,000						
1884	14,070,875						
1884CC	1,136,000						
1884O	9,730,000						
1884S	3,200,000						
1885	17,787,767						

SILVER DOLLARS

DATE	QUANTITY MINTED	VF-20	EF-40	AU-50	MS-60	MS-63	Proof-63
1885CC	228,000						
1885O	9,185,000						
1885S	1,497,000						
1886	19,963,886						
1886O	10,710,000						
1886S	750,000						
1887	20,290,710						
1887O	11,550,000						
1887S	1,771,000						
1888	19,183,833						
1888O	12,150,000						
1888S	657,000						
1889	21,726,811						
1889CC	350,000						
1889O	11,875,000						
1889S	700,000						
1890	16,802,590						
1890CC	2,309,041						
1890O	10,701,000						
1890S	8,230,373						
1891	8,694,206						
1891CC	1,618,000						
1891O	7,954,529						
1891S	5,296,000						
1892	1,037,245						
1892CC	1,352,000						
1892O	2,744,000						
1892S	1,200,000						
1893	389,792						
1893CC	677,000						
1893O	300,000						
1893S	100,000						
1894	110,972						
1894O	1,723,000						
1894S	1,260,000						
1895	12,880						
1895O	450,000						
1895S	400,000						
1896	9,976,762						
1896O	4,900,000						
1896S	5,000,000						
1897	2,822,731						
1897O	4,004,000						

SILVER DOLLARS

DATE	QUANTITY MINTED	VF-20	EF-40	AU-50	MS-60	MS-63	Proof-63
1897S	5,825,000						
1898	5,884,735						
1898O	4,440,000						
1898S	4,102,000						
1899	330,846						
1899O	12,290,000						
1899S	2,562,000						
1900	8,830,912						
1900O	12,590,000						
1900S	3,540,000						
1901	6,962,813						
1901O	13,320,000						
1901S	2,284,000						
1902	7,994,777						
1902O	8,636,000						
1902S	1,530,000						
1903	4,652,755						
1903O	4,450,000						
1903S	1,241,000						
1904	2,788,650						
1904O	3,720,000						
1904S	2,304,000						
1921	44,690,000						
1921D	20,345,000						
1921S	21,695,000						

DATE	QUANTITY MINTED	VF-20	EF-40	AU-50	MS-60	MS-63	Proof-63
1921	1,006,473						
1922	51,737,000						
1922D	15,063,000						
1922S	17,475,000						
1923	30,800,000						

SILVER DOLLARS

DATE	QUANTITY MINTED	VF-20	EF-40	AU-50	MS-60	MS-63	Proof-63
1923D	6,811,000						
1923S	19,020,000						
1924	11,811,000						
1924S	1,728,000						
1925	10,198,000						
1925S	1,610,000						
1926	1,939,000						
1926D	2,348,700						
1926S	6,980,000						
1927	848,000						
1927D	1,268,900						
1927S	866,000						
1928	360,649						
1928S	1,632,000						
1934	954,057						
1934D	1,569,500						
1934S	1,011,000						
1935	1,576,000						
1935S	1,964,000						

1971	47,799,000						
1971D	68,587,424						
1971S	11,133,764						
1972	75,890,000						
1972D	92,548,511						
1972S	4,004,687						
1973	2,000,056						
1973D	2,000,000						
1973S copper-nickel	2,760,339						
1973S silver-clad	2,896,786						
1974	27,366,000						

DOLLARS

DATE	QUANTITY MINTED	MS-63	MS-65	Proof-65
1974D	45,517,000			
1974S copper-nickel	2,612,568			
1974S silver-clad	3,206,735			

		MS-63	MS-65	Proof-65
1976	117,337,000			
1976D	103,228,274			
1976S copper-nickel	6,995,180			
1976S silver-clad	15,000,000			

Eagle Reverse Resumed

1977	12,596,000			
1977D	32,983,006			
1977S	3,251,152			
1978	25,702,000			
1978D	23,012,890			
1978S	3,127,781			

1979P	360,222,000			
1979D	288,015,744			

DOLLARS

DATE	QUANTITY MINTED		MS-63	MS-65	Proof-65
1979S	113,253,175				
1980P	27,610,000				
1980D	41,628,708				
1980S	23,976,806				
1981P	3,000,000				
1981D	3,250,000				
1981S	7,555,083				

GOLD DOLLARS

DATE	QUANTITY MINTED	VF-20	EF-40	AU-50	MS-60	MS-63
1849	688,567					
1849C	11,634					
1849D	21,588					
1849O	215,000					
1850	481,953					
1850C	6,966					
1850D	8,382					
1850O	14,000					
1851	3,317,671					
1851C	41,267					
1851D	9,882					
1851O	290,000					
1852	2,045,351					
1852C	9,434					
1852D	6,360					
1852O	140,000					
1853	4,076,051					
1853C	11,515					
1853D	6,583					
1853O	290,000					
1854	855,502					
1854D	2,935					
1854S	14,632					

DATE	QUANTITY MINTED	VF-20	EF-40	AU-50	MS-60	MS-63
1854	783,943					
1855	758,269					
1855C	9,803					
1855D	1,811					
1855O	55,000					
1856S	24,600					
Larger Head						
1856	1,762,936					
1856D	1,460					
1857	774,789					
1857C	13,280					

GOLD DOLLARS

DATE	QUANTITY MINTED	VF-20	EF-40	AU-50	MS-60	MS-63	Proof-63
1857D	3,533						
1857S	10,000						
1858	117,995						
1858D	3,477						
1858S	10,000						
1859	168,244						
1859C	5,235						
1859D	4,952						
1859S	15,000						
1860	36,668						
1860D	1,566						
1860S	13,000						
1861	527,499						
1861D							
1862	1,361,390						
1863	6,250						
1864	5,950						
1865	3,725						
1866	7,130						
1867	5,250						
1868	10,525						
1869	5,925						
1870	6,335						
1870S	3,000						
1871	3,930						
1872	3,530						
1873	125,125						
1874	198,820						
1875	420						
1876	3,245						
1877	3,920						
1878	3,020						
1879	3,030						
1880	1,636						
1881	7,707						
1882	5,125						
1883	11,007						
1884	6,236						
1885	12,261						
1886	6,016						
1887	8,543						
1888	16,580						
1889	30,729						

$2.50 GOLD PIECES

DATE	QUANTITY MINTED	F-12	VF-20	EF-40	MS-60
1796 No Stars	963				
1796 With Stars	432				
1797	427				
1798	1,094				
1802 over 1	3,035				
1804	3,327				
1805	1,781				
1806 over 4 .... } 1806 over 5 .... }	1,616				
1807	6,812				

		F-12	VF-20	EF-40	MS-60
1808	2,710				
1821 reduced size	6,448				
1824 over 21	2,600				
1825	4,434				
1826 over 25	760				
1827	2,800				
1829	3,403				
1830	4,540				
1831	4,520				
1832	4,400				
1833	4,160				
1834 with motto	4,000				
1834 without motto .	112,234				
1835	131,402				
1836	547,986				
1837	45,080				
1838	47,030				
1838C	7,880				

$2.50 GOLD PIECES

DATE	QUANTITY MINTED	VF-20	EF-40	AU-50	MS-60
1839	27,021				
1839C	18,140				
1839D	13,674				
1839O	17,781				

		VF-20	EF-40	AU-50	MS-60
1840	18,859				
1840C	12,822				
1840D	3,532				
1840O	33,580				
1841 proofs only	—				
1841C	10,281				
1841D	4,164				
1842	2,823				
1842C	6,729				
1842D	4,643				
1842O	19,800				
1843	100,546				
1843C lg. or sm. dt.	26,064				
1843D small date	36,209				
1843O lg. or sm. dt.	364,002				
1844	6,784				
1844C	11,622				
1844D	17,332				
1845	91,051				
1845D	19,460				
1845O	4,000				
1846	21,598				
1846C	4,808				
1846D	19,303				
1846O	62,000				
1847	29,814				
1847C	23,226				
1847D	15,784				
1847O	124,000				
1848	7,497				
1848 CAL over eagle.	1,389				

$2.50 GOLD PIECES

DATE	QUANTITY MINTED	VF-20	EF-40	AU-50	MS-60	Proof-63
1848C	16,788					
1848D	13,771					
1849	23,294					
1849C	10,220					
1849D	10,945					
1850	252,923					
1850C	9,148					
1850D	12,148					
1850O	84,000					
1851	1,372,748					
1851C	14,923					
1851D	11,264					
1851O	148,000					
1852	1,159,681					
1852C	9,772					
1852D	4,078					
1852O	140,000					
1853	1,404,668					
1853D	3,178					
1854	596,258					
1854C	7,295					
1854D	1,760					
1854O	153,000					
1854S	246					
1855	235,480					
1855C	3,677					
1855D	1,123					
1856	384,240					
1856C	7,913					
1856D	874					
1856O	21,100					
1856S	72,120					
1857	214,130					
1857D	2,364					
1857O	34,000					
1857S	69,200					
1858	47,377					
1858C	9,056					
1859	39,444					
1859D	2,244					
1859S	15,200					
1860	22,675					
1860C	7,469					

$2.50 GOLD PIECES

DATE	QUANTITY MINTED	VF-20	EF-40	AU-50	MS-60	Proof-63
1860S	35,600					
1861	1,283,878					
1861S	24,000					
1862	98,543					
1862S	8,000					
1863 proofs only	30					
1863S	10,800					
1864	2,874					
1865	1,545					
1865S	23,376					
1866	3,110					
1866S	38,960					
1867	3,250					
1867S	28,000					
1868	3,625					
1868S	34,000					
1869	4,345					
1869S	29,500					
1870	4,555					
1870S	16,000					
1871	5,350					
1871S	22,000					
1872	3,030					
1872S	18,000					
1873	178,025					
1873S	27,000					
1874	3,940					
1875	420					
1875S	11,600					
1876	4,221					
1876S	5,000					
1877	1,652					
1877S	35,400					
1878	286,260					
1878S	178,000					
1879	88,990					
1879S	43,500					
1880	2,996					
1881	691					
1882	4,067					
1883	2,002					
1884	2,023					
1885	887					

$2.50 GOLD PIECES

DATE	QUANTITY MINTED	VF-20	EF-40	AU-50	MS-60	Proof-63
1886	4,088					
1887	6,282					
1888	16,098					
1889	17,648					
1890	8,813					
1891	11,040					
1892	2,545					
1893	30,106					
1894	4,122					
1895	6,119					
1896	19,202					
1897	29,904					
1898	24,165					
1899	27,350					
1900	67,205					
1901	91,323					
1902	133,733					
1903	201,257					
1904	160,960					
1905	217,944					
1906	176,490					
1907	336,448					

DATE	QUANTITY MINTED	VF-20	EF-40	AU-50	MS-60	Proof-63
1908	565,057					
1909	441,899					
1910	492,682					
1911	704,191					
1911D	55,680					
1912	616,197					
1913	722,165					
1914	240,117					
1914D	448,000					
1915	606,100					
1925D	578,000					
1926	446,000					
1927	388,000					
1928	416,000					
1929	532,000					

$3.00 GOLD PIECES

DATE	QUANTITY MINTED	VF-20	EF-40	AU-50	MS-60	Proof-63
1854	138,618					
1854D	1,120					
1854O	24,000					
1855	50,555					
1855S	6,600					
1856	26,010					
1856S	34,500					
1857	20,891					
1857S	14,250					
1858	2,133					
1859	15,638					
1860	7,155					
1860S	7,000					
1861	6,072					
1862	5,785					
1863	5,039					
1864	2,680					
1865	1,165					
1866	4,030					
1867	2,650					
1868	4,875					
1869	2,525					
1870	3,535					
1871	1,330					
1872	2,030					
1873 proofs only	25					
1874	41,820					
1875 proofs only	20					
1876 proofs only	45					
1877	1,488					
1878	82,324					
1879	3,030					
1880	1,036					
1881	554					
1882	1,576					
1883	989					

$3.00 GOLD PIECES

DATE	QUANTITY MINTED	VF-20	EF-40	AU-50	MS-60	Proof-63
1884	1,106					
1885	910					
1886	1,142					
1887	6,160					
1888	5,291					
1889	2,429					

$4.00 GOLD OR "STELLA"

1879 Flowing hair, Proof	425						
1879 Coiled hair, Proof	10						
1880 Flowing hair, Proof	15						
1880 Coiled hair, Proof	10						

$5.00 GOLD PIECES

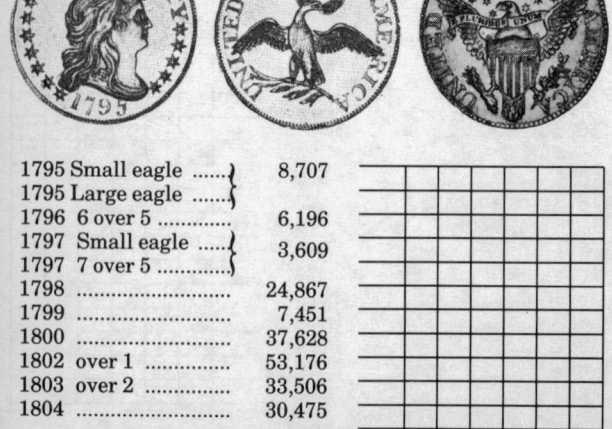

1795 Small eagle	8,707
1795 Large eagle	
1796 6 over 5	6,196
1797 Small eagle	3,609
1797 7 over 5	
1798	24,867
1799	7,451
1800	37,628
1802 over 1	53,176
1803 over 2	33,506
1804	30,475

$5.00 GOLD PIECES

DATE	QUANTITY MINTED	F-12	VF-20	EF-40	MS-60	Proof-63
1805	33,183					
1806	64,093					
1807 Bust right	32,488					

		F-12	VF-20	EF-40	MS-60	Proof-63
1807 Bust left	51,605					
1808	55,578					
1808 8 over 7						
1809 9 over 8	33,875					
1810	100,287					
1811	99,581					
1812	58,087					

		F-12	VF-20	EF-40	MS-60	Proof-63
1813	95,428					
1814 4 over 3	15,454					
1815	635					
1818	48,588					
1819	51,723					
1820	263,806					
1821	34,641					
1822	17,796					
1823	14,485					
1824	17,340					
1825 5 over 1	29,060					
1825 5 over 4	———					
1826	18,069					
1827	24,913					

$5.00 GOLD PIECES

DATE	QUANTITY MINTED	F-12	VF-20	EF-40	MS-60
1828					
1828 8 over 7	28,029				
1829	57,442				
1830	126,351				
1831	140,594				
1832	157,487				
1833	193,630				
1834 Motto	50,141				

1834	657,460				
1835	371,534				
1836	553,147				
1837	207,121				
1838	286,588				
1838C	17,179				
1838D	20,583				

1839	118,143				
1839C	17,205				
1839D	18,939				
1840	137,382				
1840C	18,992				
1840D	22,896				
1840O	40,120				
1841	15,833				
1841C	21,467				
1841D	29,392				
1841O	50				
1842	27,578				

$5.00 GOLD PIECES

DATE	QUANTITY MINTED	VF-20	EF-40	AU-50	MS-60	Proof-60
1842C	27,432					
1842D	59,608					
1842O	16,400					
1843	611,205					
1843C	44,277					
1843D	98,452					
1843O	101,075					
1844	340,330					
1844C	23,631					
1844D	88,982					
1844O	364,600					
1845	417,099					
1845D	90,629					
1845O	41,000					
1846	395,942					
1846C	12,995					
1846D	80,294					
1846O	58,000					
1847	915,981					
1847C	84,151					
1847D	64,405					
1847O	12,000					
1848	260,775					
1848C	64,472					
1848D	47,465					
1849	133,070					
1849C	64,823					
1849D	39,036					
1850	64,491					
1850C	63,591					
1850D	43,984					
1851	377,505					
1851C	49,176					
1851D	62,710					
1851O	41,000					
1852	573,901					
1852C	72,574					
1852D	91,584					
1853	305,770					
1853C	65,571					
1853D	89,678					
1854	160,675					
1854C	39,283					

$5.00 GOLD PIECES

DATE	QUANTITY MINTED	VF-20	EF-40	AU-50	MS-60	Proof-63
1854D	56,413					
1854O	46,000					
1854S	268					
1855	117,098					
1855C	39,788					
1855D	22,432					
1855O	11,100					
1855S	61,000					
1856	197,990					
1856C	28,457					
1856D	19,786					
1856O	10,000					
1856S	105,100					
1857	98,188					
1857C	31,360					
1857D	17,046					
1857O	13,000					
1857S	87,000					
1858	15,136					
1858C	38,856					
1858D	15,362					
1858S	18,600					
1859	16,814					
1859C	31,847					
1859D	10,366					
1859S	13,220					
1860	19,825					
1860C	14,813					
1860D	14,635					
1860S	21,200					
1861	688,150					
1861C	6,879					
1861D	1,597					
1861S	18,000					
1862	4,465					
1862S	9,500					
1863	2,472					
1863S	17,000					
1864	4,220					
1864S	3,888					
1865	1,295					
1865S	27,612					
1866S no motto	9,000					

$5.00 GOLD PIECES

DATE	QUANTITY MINTED	VF-20	EF-40	AU-50	MS-60	Proof-63
1866 motto	6,730					
1866S	34,920					
1867	6,920					
1867S	29,000					
1868	5,725					
1868S	52,000					
1869	1,785					
1869S	31,000					
1870	4,035					
1870CC	7,675					
1870S	17,000					
1871	3,230					
1871CC	20,770					
1871S	25,000					
1872	1,690					
1872CC	16,980					
1872S	36,400					
1873	112,505					
1873CC	7,416					
1873S	31,000					
1874	3,508					
1874CC	21,198					
1874S	16,000					
1875	220					
1875CC	11,828					
1875S	9,000					
1876	1,477					
1876CC	6,887					
1876S	4,000					
1877	1,152					
1877CC	8,680					
1877S	26,700					
1878	131,740					
1878CC	9,054					
1878S	144,700					
1879	301,950					
1879CC	17,281					
1879S	426,200					
1880	3,166,436					
1880CC	51,017					
1880S	1,348,900					
1881	5,708,802					
1881CC	13,886					

$5.00 GOLD PIECES

DATE	QUANTITY MINTED	VF-20	EF-40	AU-50	MS-60	Proof-63
1881S	969,000					
1882	2,514,568					
1882CC	82,817					
1882S	969,000					
1883	233,461					
1883CC	12,958					
1883S	83,200					
1884	191,078					
1884CC	16,402					
1884S	177,000					
1885	601,506					
1885S	1,211,500					
1886	388,432					
1886S	3,268,000					
1887 proofs only	87					
1887S	1,912,000					
1888	18,296					
1888S	293,900					
1889	7,565					
1890	4,328					
1890CC	53,800					
1891	61,413					
1891CC	208,000					
1892	753,572					
1892CC	82,968					
1892O	10,000					
1892S	298,400					
1893	1,528,197					
1893CC	60,000					
1893O	110,000					
1893S	224,000					
1894	957,955					
1894O	16,600					
1894S	55,900					
1895	1,345,936					
1895S	112,000					
1896	59,063					
1896S	155,400					
1897	867,883					
1897S	354,000					
1898	633,495					
1898S	1,397,400					
1899	1,710,729					

$5.00 GOLD PIECES

DATE	QUANTITY MINTED	VF-20	EF-40	AU-50	MS-60	Proof-63
1899S	1,545,000					
1900	1,405,730					
1900S	329,000					
1901	616,040					
1901S	3,648,000					
1902	172,562					
1902S	939,000					
1903	227,024					
1903S	1,855,000					
1904	392,136					
1904S	97,000					
1905	302,308					
1905S	880,700					
1906	348,820					
1906D	320,000					
1906S	598,000					
1907	626,192					
1907D	888,000					
1908 Liberty head	421,874					

		VF-20	EF-40	AU-50	MS-60	Proof-63
1908 Indian head	578,012					
1908D	148,000					
1908S	82,000					
1909	627,138					
1909D	3,423,560					
1909O	34,200					
1909S	297,200					
1910	604,250					
1910D	193,600					
1910S	770,200					
1911	915,139					
1911D	72,500					
1911S	1,416,000					
1912	790,144					
1912S	392,000					

$5.00 GOLD PIECES

DATE	QUANTITY MINTED	VF-20	EF-40	AU-50	MS-60	Proof-63
1913	916,000					
1913S	408,000					
1914	247,125					
1914D	247,000					
1914S	263,000					
1915	588,075					
1915S	164,000					
1916S	240,000					
1929	662,000					

$10.00 GOLD PIECES

DATE	QUANTITY MINTED	F-12	VF-20	EF-40	AU-50	MS-60	Proof-63
1795	5,583						
1796	4,146						
1797 small eagle	3,615						
1797 large eagle	10,940						
1798 8 over 7	1,742						
1799	37,499						
1800	5,999						
1801	44,344						
1803	15,017						
1804	3,757						

$10.00 GOLD PIECES

DATE	QUANTITY MINTED	VF-20	EF-40	AU-50	MS-60	Proof-60
1838	7,200					
1839 large letters	25,801					
1839 small letters	12,447					
1840	47,338					
1841	63,131					
1841O	2,500					
1842	81,507					
1842O	27,400					
1843	75,462					
1843O	175,162					
1844	6,361					
1844O	118,700					
1845	26,153					
1845O	47,500					
1846	20,095					
1846O	81,780					
1847	862,258					
1847O	571,500					
1848	145,484					
1848O	35,850					
1849	653,618					
1849O	23,900					
1850	291,451					
1850O	57,500					
1851	176,328					
1851O	263,000					
1852	263,106					
1852O	18,000					
1853 1853 3 over 2	201,253					
1853O	51,000					
1854	54,250					
1854O	52,500					
1854S	123,826					
1855	121,701					
1855O	18,000					
1855S	9,000					
1856	60,490					
1856O	14,500					
1856S	68,000					
1857	16,606					
1857O	5,500					
1857S	26,000					

$10.00 GOLD PIECES

DATE	QUANTITY MINTED	VF-20	EF-40	AU-50	MS-60	Proof-63
1858	2,521					
1858O	20,000					
1858S	11,800					
1859	16,093					
1859O	2,300					
1859S	7,000					
1860	15,105					
1860O	11,100					
1860S	5,000					
1861	113,233					
1861S	15,500					
1862	10,995					
1862S	12,500					
1863	1,248					
1863S	10,000					
1864	3,580					
1864S	2,500					
1865	4,005					
1865S	16,700					
1866S both kinds	20,000					

Motto Above Eagle

DATE	QUANTITY MINTED	VF-20	EF-40	AU-50	MS-60	Proof-63
1866	3,780					
1866S	inc. above					
1867	3,140					
1867S	9,000					
1868	10,655					
1868S	13,500					
1869	1,855					
1869S	6,430					
1870	4,025					
1870CC	5,908					
1870S	8,000					
1871	1,820					
1871CC	8,085					
1871S	16,500					
1872	1,650					
1872CC	4,600					
1872S	17,300					
1873	825					
1873CC	4,543					
1873S	12,000					
1874	53,160					
1874CC	16,767					

$10.00 GOLD PIECES

DATE	QUANTITY MINTED	VF-20	EF-40	AU-50	MS-60	Proof-63
1874S	10,000					
1875	120					
1875CC	7,715					
1876	732					
1876CC	4,696					
1876S	5,000					
1877	817					
1877CC	3,332					
1877S	17,000					
1878	73,800					
1878CC	3,244					
1878S	26,100					
1879	384,770					
1879CC	1,762					
1879O	1,500					
1879S	224,000					
1880	1,644,876					
1880CC	11,190					
1880O	9,200					
1880S	506,250					
1881	3,877,260					
1881CC	24,015					
1881O	8,350					
1881S	970,000					
1882	2,324,480					
1882CC	6,764					
1882O	10,820					
1882S	132,000					
1883	208,740					
1883CC	12,000					
1883O	800					
1883S	38,000					
1884	76,905					
1884CC	9,925					
1884S	124,250					
1885	253,527					
1885S	228,000					
1886	236,160					
1886S	826,000					
1887	53,680					
1887S	817,000					
1888	132,996					
1888O	21,335					

$10.00 GOLD PIECES

DATE	QUANTITY MINTED	VF-20	EF-40	AU-50	MS-60	Proof-63
1888S	648,700					
1889	4,485					
1889S	425,400					
1890	58,043					
1890CC	17,500					
1891	91,868					
1891CC	103,732					
1892	797,552					
1892CC	40,000					
1892O	28,688					
1892S	115,500					
1893	1,840,895					
1893CC	14,000					
1893O	17,000					
1893S	141,350					
1894	2,470,778					
1894O	107,500					
1894S	25,000					
1895	567,826					
1895O	98,000					
1895S	49,000					
1896	76,348					
1896S	123,750					
1897	1,000,159					
1897O	42,500					
1897S	234,750					
1898	812,197					
1898S	473,600					
1899	1,262,305					
1899O	37,047					
1899S	841,000					
1900	293,960					
1900S	81,000					
1901	1,718,825					
1901O	72,041					
1901S	2,812,750					
1902	82,513					
1902S	469,500					
1903	125,926					
1903O	112,771					
1903S	538,000					
1904	162,038					
1904O	108,950					

$10.00 GOLD PIECES

DATE	QUANTITY MINTED	VF-20	EF-40	AU-50	MS-60	Proof-63
1905	201,078					
1905S	369,250					
1906	165,497					
1906D	981,000					
1906O	86,895					
1906S	457,000					
1907 Liberty head	1,203,973					
1907D Liberty	1,030,000					
1907S Liberty	210,500					

DATE	QUANTITY MINTED	VF-20	EF-40	AU-50	MS-60	Proof-63
1907 Indian, regular	239,406					
1907 Wire edge, per.	500					
1907 Rolled edge, per.	42					
1908 No motto	33,500					
1908D No motto	210,000					
1908 Motto	341,486					
1908D Motto	836,500					
1908S Motto	59,850					
1909	184,863					
1909D	121,540					
1909S	292,350					
1910	318,704					
1910D	2,356,640					
1910S	811,000					
1911	505,595					
1911D	30,100					
1911S	51,000					
1912	405,083					
1912S	300,000					
1913	442,071					
1913S	66,000					
1914	151,050					
1914D	343,500					
1914S	208,000					
1915	351,075					

$10.00 GOLD PIECES

DATE	QUANTITY MINTED	VF-20	EF-40	AU-50	MS-60	Proof-63
1915S	59,000					
1916S	138,500					
1920S	126,500					
1926	1,014,000					
1930S	96,000					
1932	4,463,000					
1933	312,500					

DOUBLE EAGLES ($20.00 GOLD PIECES)

DATE	QUANTITY MINTED	VF-20	EF-40	AU-50	MS-60	Proof-63
1850	1,170,261					
1850O	141,000					
1851	2,087,155					
1851O	315,000					
1852	2,053,026					
1852O	190,000					
1853 / 1853 3 over 2	1,261,326					
1853O	71,000					
1854	757,899					
1854O	3,250					
1854S	141,468					
1855	364,666					
1855O	8,000					
1855S	879,675					
1856	329,878					
1856O	2,250					
1856S	1,189,750					
1857	439,375					
1857O	30,000					
1857S	970,500					
1858	211,714					

$20.00 GOLD PIECES

DATE	QUANTITY MINTED	VF-20	EF-40	AU-50	MS-60	Proof-63
1858O	35,250					
1858S	846,710					
1859	43,597					
1859O	9,100					
1859S	636,445					
1860	577,670					
1860O	6,600					
1860S	544,950					
1861	2,976,453					
1861O	17,741					
1861S	768,000					
1862	92,133					
1862S	854,173					
1863	142,790					
1863S	966,570					
1864	204,285					
1864S	793,660					
1865	351,200					
1865S	1,042,500					
1866S No motto (inc. below)						

Motto Above Eagle

DATE	QUANTITY MINTED	VF-20	EF-40	AU-50	MS-60	Proof-63
1866 Motto	698,775					
1866S Motto	842,250					
1867	251,065					
1867S	920,750					
1868	98,600					
1868S	837,500					
1869	175,155					
1869S	686,750					
1870	155,185					
1870CC	3,789					
1870S	982,000					
1871	80,150					
1871CC	17,387					
1871S	928,000					
1872	251,880					
1872CC	26,900					
1872S	780,000					
1873	1,709,825					
1873CC	22,410					
1873S	1,040,600					
1874	366,800					
1874CC	115,085					

$20.00 GOLD PIECES

DATE	QUANTITY MINTED	VF-20	EF-40	AU-50	MS-60	Proof-63
1874S	1,214,000					
1875	295,740					
1875CC	111,151					
1875S	1,230,000					
1876	583,905					
1876CC	138,441					
1876S	1,597,000					
1877	397,670					
1877CC	42,565					
1877S	1,735,000					
1878	543,645					
1878CC	13,180					
1878S	1,739,000					
1879	207,630					
1879CC	10,708					
1879O	2,325					
1879S	1,223,800					
1880	51,456					
1880S	836,000					
1881	2,260					
1881S	727,000					
1882	630					
1882CC	39,140					
1882S	1,125,000					
1883 proofs only	92					
1883CC	59,962					
1883S	1,189,000					
1884	71					
1884CC	81,139					
1884S	916,000					
1885	828					
1885CC	9,450					
1885S	683,500					
1886	1,106					
1887 proofs only	121					
1887S	283,000					
1888	226,266					
1888S	859,600					
1889	44,111					
1889CC	30,945					
1889S	774,700					
1890	75,995					
1890CC	91,209					

$20.00 GOLD PIECES

DATE	QUANTITY MINTED	VF-20	EF-40	AU-50	MS-60	Proof-63
1890S	802,750					
1891	1,442					
1891CC	5,000					
1891S	1,288,125					
1892	4,523					
1892CC	27,265					
1892S	930,150					
1893	344,339					
1893CC	18,402					
1893S	996,175					
1894	1,368,990					
1894S	1,048,550					
1895	1,114,656					
1895S	1,143,500					
1896	792,663					
1896S	1,403,925					
1897	1,383,261					
1897S	1,470,250					
1898	170,470					
1898S	2,575,175					
1899	1,669,384					
1899S	2,010,300					
1900	1,874,584					
1900S	2,459,500					
1901	111,526					
1901S	1,596,000					
1902	31,254					
1902S	1,753,625					
1903	287,428					
1903S	954,000					
1904	6,256,797					
1904S	5,134,175					
1905	59,011					
1905S	1,813,000					
1906	69,690					
1906D	620,250					
1906S	2,065,750					
1907 Liberty	1,451,864					
1907D Liberty	842,250					
1907S Liberty	2,165,800					

$20.00 GOLD PIECES

DATE	QUANTITY MINTED	VF-20	EF-40	AU-50	MS-60	Proof-63
1907 MCMVII	11,250					
1907	361,667					
1908 No motto	4,271,551					
1908 Motto	156,359					
1908D No motto	663,750					
1908D Motto	349,500					
1908S Motto	22,000					
1909 9 over 8	161,282					
1909						
1909D	52,500					
1909S	2,774,925					
1910	482,167					
1910D	429,000					
1910S	2,128,250					
1911	197,350					
1911D	846,500					
1911S	775,750					
1912	149,824					
1913	168,838					
1913D	393,500					
1913S	34,000					
1914	95,320					
1914D	453,000					
1914S	1,498,000					
1915	152,050					
1915S	567,500					
1916S	796,000					
1920	228,250					
1920S	558,000					
1921	528,500					

$20.00 GOLD PIECES

DATE	QUANTITY MINTED	VF-20	EF-40	AU-50	MS-60	Proof-63
1922	1,375,500					
1922S	2,658,000					
1923	566,000					
1923D	1,702,250					
1924	4,323,500					
1924D	3,049,500					
1924S	2,927,500					
1925	2,831,750					
1925D	2,938,500					
1925S	3,776,500					
1926	816,750					
1926D	481,000					
1926S	2,041,500					
1927	2,946,750					
1927D	180,000					
1927S	3,107,000					
1928	8,816,000					
1929	1,779,750					
1930S	74,000					
1931	2,938,250					
1931D	106,500					
1932	1,101,750					

SILVER COMMEMORATIVES

DATE	QUANTITY MINTED	AU-50	MS-60	MS-65	Proof-65
1893 Isabella Quarter	24,214				

SILVER COMMEMORATIVES

DATE	QUANTITY MINTED	AU-50	MS-60	Proof-65
1921 Alabama Centennial ...	59,038			
1921 Same, but 2x2 in field ..	6,006			
1936 Albany, New York	17,671			
1937 Battle of Antietam	18,028			
1935 Arkansas Centennial..	13,012			
1935D Arkansas Centennial	5,505			
1935S Arkansas Centennial	5,506			
1936 Arkansas Centennial ..	9,660			
1936D Arkansas Centennial	9,660			
1936S Arkansas Centennial	9,662			
1937 Arkansas Centennial ..	5,505			
1937D Arkansas Centennial	5,505			
1937S Arkansas Centennial	5,506			
1938 Arkansas Centennial ..	3,156			
1938D Arkansas Centennial	3,155			
1938S Arkansas Centennial	3,156			
1939 Arkansas Centennial ..	2,104			
1939D Arkansas Centennial	2,104			
1939S Arkansas Centennial	2,105			
1936S Oakland Bay Bridge .	71,424			
1934 Daniel Boone Bi-cent ..	10,007			
1935 Daniel Boone Bi-cent ..	10,010			
1935D Daniel Boone Bi-cent	5,005			
1935S Daniel Boone Bi-cent	5,005			
1935 Same, but small 1934 ..	10,008			
1935D Same as 1935	2,003			
1935S Same as 1935	2,004			
1936 Same as 1934	12,012			
1936D Same as 1934	5,005			
1936S Same as 1934	5,006			
1937 Same as 1934	9,810			
1937D Same as 1934	2,506			
1937S Same as 1934	2,506			
1938 Same as 1934	2,100			
1938D Same as 1934	2,100			
1938S Same as 1934	2,100			
1936 Bridgeport, Conn	25,015			
1925S Calif. Dia. Jubilee	86,394			
1951 Carver-Washington	110,018			
1951D Carver-Washington ..	10,004			
1951S Carver-Washington ..	10,004			
1952 Carver-Washington	2,006,292			
1952D Carver-Washington ..	8,006			

SILVER COMMEMORATIVES

DATE	QUANTITY MINTED	AU-50	MS-60	MS-65	Proof-65
1952S Carver-Washington	8,006				
1953 Carver-Washington	8,003				
1953D Carver-Washington	8,003				
1953S Carver-Washington	108,020				
1954 Carver-Washington	12,006				
1954D Carver-Washington	12,006				
1954S Carver-Washington	122,024				
1936 Cincinnati Mus. Ctr.	5,005				
1936D Cincinnati Mus. Ctr.	5,005				
1936S Cincinnati Mus. Ctr.	5,006				
1936 Cleveland Exp	50,030				
1936 Columbia, S.C.	9,007				
1936D Columbia, S.C.	8,009				
1936S Columbia, S.C.	8,007				
1892 Columbian Half Dol.	950,000				
1893 Columbian	1,550,405				
1935 Conn. Tercentenary	25,018				
1936 Delaware Tercentenary	20,993				
1936 Elgin, Illinois	20,015				
1936 Battle of Gettysburg	26,928				
1922 Grant memorial	67,405				
1922 Same, but star on obv.	4,256				
1928 Hawaiian Sesqui	10,008				
1935 Hudson Sesqui	10,008				
1924 Huguenot-Walloon	142,080				
1918 Illinois Centennial	100,058				
1946 Iowa Centennial	100,057				
1925 Lexington-Concord	162,013				
1936 Long Island	81,826				
1936 Lynchburg, Va.	20,013				
1920 Maine Centennial	50,028				
1934 Md. Tercentenary	25,015				
1921 Missouri Centennial	15,428				
1921 Same, but 2★4 in field	5,000				
1923S Monroe Doctrine	274,077				
1938 New Rochelle, N.Y.	15,266				
1936 Norfolk, Va.	16,936				
1926 Oregon Trail	47,955				
1926S Oregon Trail	83,055				
1928 Oregon Trail	6,028				
1933D Oregon Trail	5,008				
1934D Oregon Trail	7,006				

SILVER COMMEMORATIVES

DATE	QUANTITY MINTED	AU-50	MS-60	MS-65	Proof-65
1936 Oregon Trail	10,006				
1936S Oregon Trail	5,006				
1937D Oregon Trail	12,008				
1938 Oregon Trail	6,006				
1938D Oregon Trail	6,005				
1938S Oregon Trail	6,006				
1939 Oregon Trail	3,004				
1939D Oregon Trail	3,004				
1939S Oregon Trail	3,005				
1915S Pan Pacific Exp	27,134				
1920 Pilgrim Tercentenary	152,112				
1921 Pilgrim Tercentenary	20,053				
1936 Rhode Island	20,013				
1936D Rhode Island	15,010				
1936S Rhode Island	15,011				
1937 Roanoke Island, N.C.	29,030				
1936 Arkansas (Robinson)	25,265				
1935S San Diego Exp	70,132				
1936D San Diego Exp	30,092				
1926 Sesquicentennial	141,120				
1935 Old Spanish Trail	10,008				
1925 Stone Mountain	1,314,709				
1934 Texas Centennial	61,463				
1935 Texas Centennial	9,996				
1935D Texas Centennial	10,007				
1935S Texas Centennial	10,008				
1936 Texas Centennial	8,911				
1936D Texas Centennial	9,039				
1936S Texas Centennial	9,055				
1937 Texas Centennial	6,571				
1937D Texas Centennial	6,605				
1937S Texas Centennial	6,637				
1938 Texas Centennial	3,780				
1938D Texas Centennial	3,775				
1938S Texas Centennial	3,814				
1925S Fort Vancouver	14,994				
1927 Vermont (Bennington)	28,142				
1946 Booker T. Wash.	1,000,546				
1946D Booker T. Wash.	200,113				
1946S Booker T. Wash.	500,279				
1947 Booker T. Wash.	100,017				
1947D Booker T. Wash.	100,017				

SILVER COMMEMORATIVES

DATE	QUANTITY MINTED	AU-50	MS-60	MS-65	Proof-65
1947S Booker T. Wash.	100,017				
1948 Booker T. Wash.	8,005				
1948D Booker T. Wash.	8,005				
1946S Booker T. Wash.	8,005				
1949 Booker T. Wash.	6,004				
1949D Booker T. Wash.	6,004				
1949S Booker T. Wash.	6,004				
1950 Booker T. Wash.	6,004				
1950D Booker T. Wash.	6,004				
1950S Booker T. Wash.	512,091				
1951 Booker T. Wash.	510,082				
1951D Booker T. Wash.	7,004				
1951S Booker T. Wash.	7,004				
1936 Wisconsin Cent	25,015				
1936 York County, Maine	25,015				
1900 Lafayette Dollar	36,026				

GOLD COMMEMORATIVES

1922 Grant Dollar, with star	5,016				
1922 Grant Dollar, no star	5,000				
1904 Lewis and Clark Dollar	10,025				
1905 Lewis and Clark Dollar	10,041				
1903 Jefferson Dollar	17,500				
1903 McKinley Dollar	17,500				
1916 McKinley Dollar	15,000				
1917 McKinley Dollar	5,000				
1915S Panama Pacific Dollar	15,000				
1915S Panama Pacific $2.50	6,749				
1915S Pan Pacific $50 Rd.	483				
1915S Pan Pacific $50 Oct.	645				
1926 Phila Sesqui. $2.50	46,019				

MODERN COMMEMORATIVES

		MS-65	Proof-65
DATE	QUANTITY ISSUED		
1982D Geo. Washington	2,210,458		
1982S Geo. Washington	4,894,044		
1983P Olympic Dollar	294,543		
1983D Olympic Dollar	174,014		
1983S Oly. Dollar (1,577,025)	174,014		
1984P Olympic Dollar	217,954		
1984D Olympic Dollar	116,675		
1984S Oly. Dollar (1,801,210)	116,675		
1984P Olympic $10.00 proof..	33,309		
1984D Olympic $10.00 proof..	34,533		
1984S Olympic $10.00 proof..	48,551		
1984W Oly. $10.00 (381,085).	75,886		
1986D Statue of Liberty	928,008		
1986S Statue of Lib. proof	6,925,627		
1986P Statue of Lib. $1.00 ...	723,635		
1986S Statue of Lib. $1.00 ...	6,414,638		
1986W Statue of Lib. $5 Gold .... (404,013)	95,248		
1987P Constitution $1.00	451,629		
1987S Constitution $1.00	2,747,116		
1987W Constitution $5. Gold .... (651,659)	214,225		
1988D Olympic Dollar	191,368		
1988S Olympic Dollar	1,359,366		
1988W Olympic $5 Gold .... (281,465)	62,913		
1989D Congress	163,753		
1989S Congress	767,897		
1989D Congress Dollar	135,203		
1989S Congress Dollar	762,198		
1989W Congress $5 Gold .... (164,690)	46,899		
1990W Eisenhower Dollar ...			
1990P Eisenhower Dollar			
1991D Mount Rushmore			
1991S Mount Rushmore			
1991P Mt. Rushmore Dollar .			
1991S Mt. Rushmore Dollar .			
1991W Mt. Rushmore $5 Gold			
1991D Korean War Dollar ...			
1991P Korean War Dollar ...			

MODERN COMMEMORATIVES

DATE	QUANTITY MINTED					MS-65	Proof-65
1991D U.S.O. Dollar							
1991S U.S.O. Dollar							
1992P Oly. Half Dollar							
1992S Oly. Half Dollar							
1992D Oly. Sil. Dollar							
1992S Oly. Sil. Dollar							
1992W Oly. $5. Gold							
1992W Oly. $5 Gold prf.							

RECENT PROOF SETS

DATE	QUANTITY MINTED		DATE	QUANTITY MINTED	
1936	3,837		1973S	2,760,339	
1937	5,542		1974S	2,612,568	
1938	8,045		1975S	2,845,450	
1939	8,795		1976S	4,149,730	
1940	11,246		1976S 3 pc.	3,998,621	
1941	15,287		1977S	3,251,152	
1942	21,120		1978S	3,127,781	
1950	51,386		1979S	3,677,175	
1951	57,500		1980S	3,544,806	
1952	81,980		1981S	4,063,083	
1953	128,800		1982S	3,857,479	
1954	233,300		1983S	3,138,765	
1955	378,200		1983S Oly.	140,361	
1956	669,384		1984S	2,748,430	
1957	1,247,952		1984S Oly.	316,680	
1958	875,652		1985S	3,362,821	
1959	1,149,291		1986S	2,411,180	
1960	1,691,602		1986S Lib.	599,317	
1961	3,028,244		1987S	3,356,738	
1962	3,218,019		1987S Const.	435,495	
1963	3,075,645		1988S	3,031,287	
1964	3,950,762		1988S Oly.	231,661	
1965*	2,360,000		1989S	3,009,107	
1966*	2,261,583		1989S Cong.	211,087	
1967*	1,863,344		1990S		
1968S	3,041,506		1990S Eisen.		
1969S	2,934,631		1991S		
1970S	2,632,810		1991S Rushmore		
1971S	3,220,733		1992S		
1972S	3,260,996		1992S Oly.		

*Special Mint Sets

U.S. BULLION COINS

$1.00 SILVER EAGLE

DATE	QUANTITY ISSUED	Unc.	Proof
1986	5,393,005		
1986S proof	1,446,778		
1987	11,442,335		
1987S proof	904,732		
1988	5,004,500		
1988S proof	557,370		
1989	5,203,327		
1989S proof	617,694		
1990	5,840,210		
1990S proof	695,510		
1991	7,191,066		
1991S proof			
1992			
1992S proof			

$5.00 GOLD EAGLE

1986	912,609		
1987	580,266		
1988	159,500		
1988P proof	143,881		
1989	264,790		
1989P proof	84,647		
1990	210,210		
1990P proof	99,349		
1991	165,200		
1991P proof			
1992			
1992P proof			

$10.00 GOLD EAGLE

1986	726,031		
1987	269,255		
1988	49,000		
1988P proof	98,028		
1989	81,789		
1989P proof	54,170		

U.S. BULLION COINS

DATE	QUANTITY ISSUED	Unc.	Proof
1990	41,000		
1990P proof	62,674		
1991	36,100		
1991P proof			
1992			
1992P proof			

$25.00 GOLD EAGLE

		Unc.	Proof
1986	599,566		
1987	131,255		
1987P proof	143,398		
1988	45,000		
1988P proof	76,528		
1989	44,829		
1989P proof	44,798		
1990	31,000		
1990P proof	51,636		
1991	24,100		
1991P proof			
1992			
1992P proof			

$50.00 GOLD EAGLE

		Unc.	Proof
1986	1,362,650		
1986W proof	446,290		
1987	1,045,500		
1987W proof	147,498		
1988	465,000		
1988W proof	87,133		
1989	415,790		
1989W proof	54,570		
1990	373,210		
1990W proof	62,401		
1991	243,100		
1991W proof			
1992			
1992W proof			

CANADA — LARGE CENTS, Victoria 1858-1901

DATE	QUANTITY MINTED	Good	V. Good	Fine	V. Fine	Ex. Fine	Unc.
1858	421,000						
1859							
1859 re-eng. date							
1859 over 58 Nar. 9	9,579,000						
1859 over 58 Wide 9							
1876H	4,000,000						
1881H	2,000,000						
1882H	4,000,000						
1884	2,500,000						
1886	1,500,000						
1887	1,500,000						
1888	4,000,000						
1890H	1,000,000						
1891 large date							
1891 sm. dt., lg. leav.	1,452,500						
1891 sm. dt., sm. leav.							
1892	1,200,000						
1893	2,000,000						
1894	1,000,000						
1895	1,200,000						
1896	2,000,000						
1897	1,500,000						
1898H	1,000,000						
1899	2,400,000						
1900	1,000,000						
1900H	2,600,000						
1901	4,100,000						

Edward VII 1902-1910

1902	3,000,000						
1903	4,000,000						
1904	2,500,000						

CANADA — LARGE CENTS

DATE	QUANTITY MINTED	Good	V. Good	Fine	V. Fine	Ex. Fine	Unc.
1905	2,000,000						
1906	4,100,000						

1907	2,400,000						
1907H	800,000						
1908	2,401,506						
1909	3,973,339						
1910	5,146,487						

George V 1910-1936

1911	4,663,486						
1912	5,107,642						
1913	5,735,405						
1914	3,405,958						
1915	4,932,134						
1916	11,022,367						
1917	11,899,254						
1918	12,970,798						
1919	11,279,634						
1920	6,762,247						

CANADA — SMALL CENTS

DATE	QUANTITY MINTED	Good	V. Good	Fine	V. Fine	Ex. Fine	Unc.
1920	15,483,923						
1921	7,601,627						
1922	1,243,635						
1923	1,019,002						
1924	1,593,195						
1925	1,000,622						
1926	2,143,372						
1927	3,553,928						
1928	9,144,860						
1929	12,159,840						
1930	2,538,613						
1931	3,842,776						
1932	21,316,190						
1933	12,079,310						
1934	7,042,358						
1935	7,526,400						
1936	8,768,769						

George VI 1936-1952

1937	10,040,231						
1938	18,365,608						
1939	21,600,319						
1940	85,740,532						
1941	56,336,011						
1942	76,113,708						
1943	89,111,969						
1944	44,131,216						

CANADA — SMALL CENTS

DATE	QUANTITY MINTED	Good	V. Good	Fine	V. Fine	Ex. Fine	Unc.
1945	77,268,591						
1946	56,662,071						
1947	31,093,901						
1947 Maple leaf	43,855,448						
1948	25,767,779						
1949	33,128,933						
1950	60,444,992						
1951	80,430,379						
1952	67,631,736						

Elizabeth II 1952-

1953	67,806,016						
1954	22,181,760						
1955	56,403,193						
1956	78,685,535						
1957	100,601,792						
1958	59,385,679						
1959	83,615,343						
1960	75,772,775						
1961	139,598,404						
1962	227,244,069						
1963	279,076,334						
1964	484,655,322						

1965 New obv.	304,441,082						
1966	183,644,388						
1967 Centen.	345,140,645						
1968	329,695,772						
1969	335,240,929						

CANADA — SMALL CENTS

DATE	QUANTITY MINTED	Good	V. Good	Fine	V. Fine	Ex. Fine	Unc.
1970	311,145,010						
1971	298,228,936						
1972	451,304,591						
1973	457,059,852						
1974	692,058,489						
1975	642,318,000						
1976	701,122,890						
1977	453,050,666						
1978	911,170,647						
1979	753,942,453						
1980	911,800,000						
1981	1,209,468,500						
1982	876,029,450						
1983	997,820,210						
1984	838,225,000						
1985	782,752,500						
1986	740,335,000						
1987	774,549,000						
1988	482,676,752						
1989	1,066,628,000						
1990							
1991							
1992							

5 CENTS SILVER
Victoria 1837-1901

		Good	V. Good	Fine	V. Fine	Ex. Fine	Unc.
1858 small date / 1858 large date	1,500,000						
1870 flat rim / 1870 raised rim	2,800,000						
1871	1,400,000						
1872H	2,000,000						
1874H plain 4 / 1874H crosslet 4	800,000						

CANADA — 5 CENTS SILVER

DATE	QUANTITY MINTED	Good	V. Good	Fine	V. Fine	Ex. Fine	Unc.
1875H	1,000,000						
1880H	3,000,000						
1881H	1,500,000						
1882H	1,000,000						
1883H	600,000						
1884	200,000						
1885	1,000,000						
1886	1,700,000						
1887	500,000						
1888	1,000,000						
1889	1,200,000						
1890H	1,000,000						
1891	1,800,000						
1892	860,000						
1893	1,700,000						
1894	500,000						
1896	1,500,000						
1897	1,319,283						
1898	580,717						
1899	3,000,000						
1900 oval 0 } 1900 round 0	1,800,000						
1901	2,000,000						

Edward VII 1901-1910

1902	2,120,000						
1902 large H } 1902 small H	2,200,000						
1903	1,000,000						
1903H	2,640,000						
1904	2,400,000						
1905	2,600,000						
1906	3,100,000						
1907	5,200,000						
1908	1,197,780						
1909	1,890,865						
1910	5,850,325						

CANADA — 5 CENTS SILVER
George V 1910-1936

DATE	QUANTITY MINTED	Good	V. Good	Fine	V. Fine	Ex. Fine	Unc.
1911	3,692,350						
1912	5,863,170						
1913	5,588,048						
1914	4,202,179						
1915	1,172,258						
1916	2,481,675						
1917	5,521,373						
1918	6,052,298						
1919	7,835,400						
1920	10,649,851						
1921	2,582,495						

5 CENTS NICKEL

DATE	QUANTITY MINTED	Good	V. Good	Fine	V. Fine	Ex. Fine	Unc.
1922	4,763,186						
1923	2,475,201						
1924	3,066,658						
1925	200,050						
1926 near 6	933,577						
1926 far 6							
1927	5,285,627						
1928	4,558,725						
1929	5,562,262						
1930	3,685,991						
1931	5,100,830						
1932	3,198,566						

CANADA — 5 CENTS NICKEL

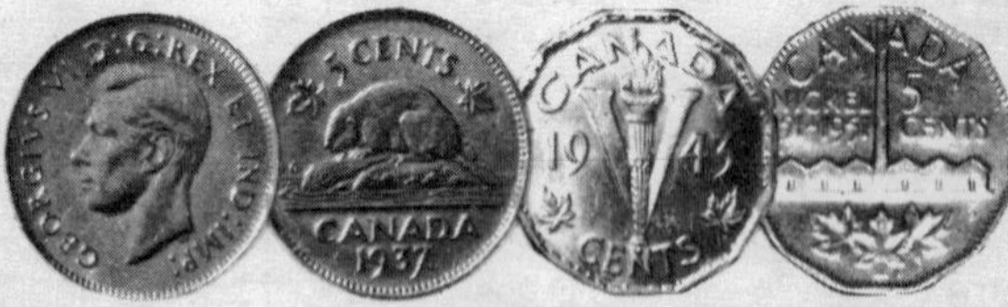

DATE	QUANTITY MINTED	Good	V. Good	Fine	V. Fine	Ex. Fine	Unc.
1933	2,597,867						
1934	3,827,304						
1935	3,891,151						
1936	4,400,450						

George VI 1936-1952

1937	4,593,263						
1938	3,898,974						
1939	5,661,123						
1940	13,920,197						
1941	8,681,785						
1942 Nickel	6,847,544						
1942 Tombac-Beaver	3,396,234						
1943 Tombac-V	24,760,256						
1944 Steel	11,532,784						
1945	18,893,216						
1946 Nickel	6,952,684						
1947 plain	7,603,724						
1947 Maple leaf	9,595,124						
1947 dot							
1948	1,810,789						
1949	13,037,090						
1950	11,970,520						
1951 Commemorative	9,028,507						
1951 Steel	4,313,410						
1952	10,891,148						

Elizabeth 1952-

CANADA — 5 CENTS NICKEL

DATE	QUANTITY MINTED	Good	V. Good	Fine	V. Fine	Ex. Fine	Unc.
1953	16,635,552						
1954	6,998,662						
1955 Nickel	5,355,028						
1956	9,399,854						
1957	7,387,703						
1958	7,607,521						
1959	11,552,523						
1960	37,157,433						
1961	47,889,051						
1962	46,307,305						
1963 Round	43,970,320						
1964	78,075,068						

DATE	QUANTITY MINTED	Good	V. Good	Fine	V. Fine	Ex. Fine	Unc.
1965 New obv.	84,876,018						
1966	27,976,648						
1967 Centennial	36,876,574						
1968	99,253,330						
1969	27,830,229						
1970	5,726,010						
1971	27,312,609						
1972	62,417,387						
1973	53,507,435						
1974	94,704,645						
1975	138,882,000						
1976	55,140,213						
1977	89,120,791						
1978	137,079,273						
1979	186,295,825						
1980	134,878,000						
1981	99,107,900						
1982	64,924,400						
1983	72,596,000						
1984	84,088,000						
1985	126,618,000						

CANADA — 5 CENTS NICKEL

DATE	QUANTITY MINTED	Good	V. Good	Fine	V. Fine	Ex. Fine	Unc.
1986	156,104,000						
1987	106,299,000						
1988	75,025,000						
1989	141,435,538						
1990							
1991							
1992							

10 CENTS
Victoria 1837-1901

1858	1,250,000						
1870	1,600,000						
1871	800,000						
1871H	1,870,000						
1872H	1,000,000						
1874H	600,000						
1875H	1,000,000						
1880H	1,500,000						
1881H	950,000						
1882H	1,000,000						
1883H	300,000						
1884	150,000						
1885	400,000						
1886 small 6	800,000						
1886 large 6							
1887	350,000						
1888	500,000						
1889	600,000						
1890H	450,000						
1891 21 leaves	800,000						
1891 22 leaves							

CANADA — 10 CENTS

DATE	QUANTITY MINTED	Good	V. Good	Fine	V. Fine	Ex. Fine	Unc.
1892	520,000						
1893	500,000						
1894	500,000						
1896	650,000						
1898	720,000						
1899	} 1,200,000						
1899 small 99							
1900	1,100,000						
1901	1,200,000						

Edward VII 1901-1910

1902	720,000						
1902H	1,100,000						
1903	500,000						
1903H	1,320,000						
1904	1,000,000						
1905	1,000,000						
1906	1,700,000						
1907	2,620,000						
1908	776,666						
1909 large leaves	} 1,697,200						
1909 broad leaves							
1910	4,468,331						

George V 1910-1936

1911	2,737,584						
1912	3,235,557						
1913 small leaves	} 3,613,937						
1913 broad leaves							
1914	2,549,811						
1915	688,057						
1916	4,218,114						
1917	5,011,988						
1918	5,133,602						
1919	7,877,722						

CANADA — 10 CENTS

DATE	QUANTITY MINTED	Good	V. Good	Fine	V. Fine	Ex. Fine	Unc.
1920	6,305,345						
1921	2,469,562						
1928	2,458,602						
1929	3,253,888						
1930	1,831,043						
1931	2,067,421						
1932	1,154,317						
1933	672,368						
1934	419,067						
1935	384,056						
1936	2,460,871						

George VI 1936-1952

DATE	QUANTITY MINTED	Good	V. Good	Fine	V. Fine	Ex. Fine	Unc.
1937	2,500,095						
1938	4,197,323						
1939	5,501,748						
1940	16,526,470						
1941	8,716,386						
1942	10,214,011						
1943	21,143,229						
1944	9,383,582						
1945	10,979,570						
1946	6,300,066						
1947	4,431,926						
1947 Maple leaf	9,638,793						
1948	422,741						
1949	11,336,172						
1950	17,823,075						
1951	15,079,265						
1952	10,474,455						

Elizabeth II 1952-

DATE	QUANTITY MINTED	Good	V. Good	Fine	V. Fine	Ex. Fine	Unc.
1953	17,706,395						
1954	4,493,150						

CANADA — 10 CENTS

DATE	QUANTITY MINTED	Good	V. Good	Fine	V. Fine	Ex. Fine	Unc.
1955	12,237,294						
1956 .... } 1956 dot .... }	16,732,844						
1957	16,110,229						
1958	10,621,236						
1959	19,691,433						
1960	45,446,835						
1961	26,850,859						
1962	41,864,335						
1963	41,916,208						
1964	49,518,549						
1965 New obverse	56,965,392						
1966	34,330,199						
1967 Centennial ...	62,998,215						
1968 Silver	70,460,000						
1968 Nickel	172,582,930						
1969	55,833,929						
1970	5,249,296						
1971	41,016,968						
1972	60,169,387						
1973	167,715,435						
1974	210,566,565						
1975	207,680,000						
1976	95,018,533						
1977	128,452,206						
1978	170,366,431						
1979	236,910,479						
1980	169,742,000						
1981	123,912,900						
1982	93,475,000						
1983	111,065,000						
1984	119,080,000						
1985	143,025,000						
1986	168,620,000						
1987	147,309,000						

CANADA — 10 CENTS

DATE	QUANTITY MINTED	Good	V. Good	Fine	V. Fine	Ex. Fine	Unc.
1988	162,998,558						
1989	198,693,414						
1990							
1991							
1992							

20 CENTS
Victoria 1837-1901

1858	750,000						

25 CENTS
Victoria 1837-1901

1870	900,000						
1871	400,000						
1871H	748,000						
1872H	2,240,000						
1874H	1,600,000						

CANADA — 25 CENTS

DATE	QUANTITY MINTED	Good	V. Good	Fine	V. Fine	Ex. Fine	Unc.
1875H	1,000,000						
1880H narrow 0 1880H wide 0	400,000						
1881H	820,000						
1882H	600,000						
1883H	960,000						
1885	192,000						
1886	540,000						
1887	100,000						
1888	400,000						
1889	66,340						
1890H	200,000						
1891	120,000						
1892	510,000						
1893	100,000						
1894	220,000						
1899	415,580						
1900	1,320,000						
1901	640,000						

Edward VII 1901-1910

DATE	QUANTITY MINTED	Good	V. Good	Fine	V. Fine	Ex. Fine	Unc.
1902	464,000						
1902H	800,000						
1903	846,150						
1904	400,000						
1905	800,000						
1906	1,237,843						
1907	2,088,000						
1908	495,016						
1909	1,335,929						
1910	3,577,569						

George V 1910-1936

DATE	QUANTITY MINTED	Good	V. Good	Fine	V. Fine	Ex. Fine	Unc.
1911	1,721,341						
1912	2,544,199						
1913	2,213,595						
1914	1,215,397						
1915	242,382						
1916	1,462,566						
1917	3,365,644						
1918	4,175,649						

CANADA — 25 CENTS

DATE	QUANTITY MINTED	Good	V. Good	Fine	V. Fine	Ex. Fine	Unc.
1919	5,852,262						
1920	1,975,278						
1921	595,337						
1927	468,096						
1928	2,114,178						
1929	2,690,562						
1930	968,748						
1931	537,815						
1932	537,994						
1933	421,282						
1934	384,350						
1935	537,772						
1936	972,094						
1936 dot	153,322						

George VI 1936-1952

DATE	QUANTITY MINTED	Good	V. Good	Fine	V. Fine	Ex. Fine	Unc.
1937	2,689,813						
1938	3,149,245						
1939	3,532,495						
1940	9,583,650						
1941	6,654,672						
1942	6,935,871						
1943	13,559,575						
1944	7,216,237						
1945	5,296,495						
1946	2,210,810						
1947	1,524,554						
1947 Maple leaf	4,393,938						
1948	2,564,424						
1949	7,988,830						
1950	9,673,335						
1951	8,290,719						
1952	8,859,642						

CANADA — 25 CENTS

Elizabeth II 1952-

DATE	QUANTITY MINTED	Good	V. Good	Fine	V. Fine	Ex. Fine	Unc.
1953 wire rim } 1953 flat rim }	10,456,769						
1954	2,318,891						
1955	9,552,505						
1956	11,269,353						
1957	12,770,190						
1958	9,336,910						
1959	13,503,461						
1960	22,835,327						
1961	18,164,368						
1962	29,559,266						
1963	21,180,652						
1964	36,479,343						
1965 New obverse	44,708,869						
1966	25,388,892						
1967 Centennial	48,855,500						
1968 Silver	71,464,000						
1968 Nickel	88,686,931						
1969	133,037,929						
1970	10,302,010						
1971	48,170,428						
1972	43,743,387						
1973 Mtd. Police	134,958,589						
1974	192,360,598						
1975	141,486,838						
1976	86,898,261						
1977	99,634,555						
1978	176,475,408						
1979	131,042,905						
1980	76,178,000						
1981	131,580,272						
1982	171,926,000						

CANADA — 25 CENTS

DATE	QUANTITY MINTED	Good	V. Good	Fine	V. Fine	Ex. Fine	Unc.
1983	13,162,000						
1984	119,212,000						
1985	158,734,000						
1986	132,220,000						
1987	53,408,000						
1988	80,368,473						
1989	119,624,307						
1990							
1991							
1992							

50 CENTS
Victoria 1837-1901

DATE	QUANTITY MINTED	Good	V. Good	Fine	V. Fine	Ex. Fine	Unc.
1870	450,000						
1871	200,000						
1871H	45,000						
1872H	80,000						
1881H	150,000						
1888	60,000						
1890H	20,000						
1892	151,000						
1894	29,036						
1898	100,000						
1899	50,000						
1900	118,000						
1901	80,000						

CANADA — 50 CENTS

Edward VII 1901-1910

DATE	QUANTITY MINTED	Good	V. Good	Fine	V. Fine	Ex. Fine	Unc.
1902	120,000						
1903H	140,000						
1904	60,000						
1905	40,000						
1906	350,000						
1907	300,000						
1908	128,119						
1909	203,118						
1910	649,521						

George V 1910-1936

DATE	QUANTITY MINTED	Good	V. Good	Fine	V. Fine	Ex. Fine	Unc.
1911	209,972						
1912	285,867						
1913	265,889						
1914	160,128						
1916	459,070						
1917	752,213						
1918	854,989						
1919	1,113,429						
1920	584,691						
1921	206,398						
1929	228,328						
1931	57,581						
1932	19,213						
1934	39,539						
1936	38,550						

CANADA — 50 CENTS

George VI 1936-1952

DATE	QUANTITY MINTED	Good	V. Good	Fine	V. Fine	Ex. Fine	Unc
1937	192,016						
1938	192,018						
1939	287,976						
1940	1,996,566						
1941	1,714,874						
1942	1,974,165						
1943	3,109,583						
1944	2,460,205						
1945	1,959,528						
1946	950,235						
1947 straight 7 } 1947 curved 7 }	424,885						
1947 M.L. str. 7 } 1947 M.L. cur. 7 }	38,433						
1948	37,784						
1949	858,991						
1950	2,384,179						
1951	2,421,730						
1952	2,596,465						

Elizabeth II 1952-

DATE	QUANTITY MINTED	Good	V. Good	Fine	V. Fine	Ex. Fine	Unc
1953 small date } 1953 large date }	1,630,429						
1954	506,305						
1955	753,511						
1956	1,379,499						
1957	2,171,689						
1958	2,957,266						

CANADA — 50 CENTS

DATE	QUANTITY MINTED	Good	V. Good	Fine	V. Fine	Ex. Fine	Unc.
1959	3,095,535						
1960	3,488,897						
1961	3,584,417						
1962	5,208,030						
1963	8,348,871						
1964	9,377,676						

DATE	QUANTITY MINTED	Good	V. Good	Fine	V. Fine	Ex. Fine	Unc.
1965 New obverse	12,629,974						
1966	7,683,228						
1967 Centennial	4,211,395						
1968 New size — Nick.	3,966,932						
1969	7,113,929						
1970	2,429,516						
1971	2,166,444						
1972	2,515,632						
1973	2,546,096						
1974	3,436,650						
1975	3,710,000						
1976	2,940,719						
1977	709,839						
1978	3,341,892						

CANADA — 50 CENTS

DATE	QUANTITY MINTED	Good	V. Good	Fine	V. Fine	Ex. Fine	Unc
1979	3,425,000						
1980	1,574,000						
1981	2,690,272						
1982	2,236,674						
1983	1,177,000						
1984	1,502,989						
1985	2,188,374						
1986	781,400						
1987	373,000						
1988	220,000						
1989	266,419						
1990							
1991							
1992							

CANADA — SILVER DOLLARS

George V 1910-1936

DATE	QUANTITY MINTED	Good	V. Good	Fine	V. Fine	Ex. Fine	Unc.
1935	428,707						
1936	306,100						

George VI 1936-1952

1937	241,002						
1938	90,304						
1939	1,363,816						
1945	38,391						
1946	93,055						
1947 blunt 7	65,595						
1947 pointed 7							
1947 Maple leaf	21,135						
1948	18,780						
1949 Comm	672,218						

CANADA — SILVER DOLLARS

DATE	QUANTITY MINTED	Good	V. Good	Fine	V. Fine	Ex. Fine	Unc.
1950	261,002						
1951	416,395						
1952	406,148						

Elizabeth II 1952-

1953 wire edge } 1953 flat edge }	1,074,578						
1954	246,606						
1955	268,105						
1956	209,092						
1957	496,389						
1958 Comm	3,039,630						
1959	1,443,502						
1960	1,420,486						
1961	1,262,231						
1962	1,884,789						
1963	4,179,981						
1964 Commemorative	7,296,832						
1965 New obverse	10,768,569						
1966	9,912,178						
1967 Centennial	6,767,496						
1968 New size — Nick.	5,579,714						
1969	4,809,313						
1970 Commemorative	4,140,058						
1971 Commemorative	4,260,781						
1971 Silver Commem.	585,674						
1972	2,676,041						
1972 Silver	341,598						

CANADA — SILVER DOLLARS

DATE	QUANTITY MINTED	V. Good	Fine	V. Fine	Ex. Fine	Unc.	Proof
1973 P.E.I. Commem ...	3,196,452						
1973 Sil. "Mountie"	1,031,271						
1974 Winnipeg, Silver .	728,947						
1974 Winnipeg, Nick. ..	2,799,363						
1975 Calgary, Silver ...	930,956						
1975 Canoe, Nickel	3,685,615						
1976 Library, Silver	578,708						
1976 Canoe, Nickel	2,498,204						
1977 Throne, Silver	742,332						
1977 Canoe, Nickel	1,393,745						
1978 XI Games, Sil.	787,000						
1978 Canoe, Nickel	2,948,488						
1979 Griffon, Silver	826,695						
1979 Canoe, Nickel	2,954,842						
1980 Arctic, Silver	552,439						
1980	3,291,221						
1981 Railway, Silver ...	695,400						
1981	2,778,900						
1982 Regina, Silver	903,888						
1982	1,098,500						
1983 Games, Silver	159,450						
1983 Games, Sil. Prf. ...	340,068						
1983	2,267,525						

1984 Toronto, Silver	133,610						
1984 Toronto, Sil. Prf. .	570,940						
1984 Cartier, Nickel	7,009,323						
1984 Cartier, Nick. Prf. .	87,760						
1984	1,223,486						

CANADA — SILVER DOLLARS

DATE	QUANTITY MINTED	V. Good	Fine	V. Fine	Ex. Fine	Unc.	Proof
1985 Nat. Parks, Sil..	162,873						
1985 Nat. Parks, Sil..	727,247						
1985	3,104,092						
1986 Vancouver, Sil..	124,574						
1986 Vancouver, Sil..	672,642						
1986	3,089,225						
1987 Davis, Silver	117,147						
1987 Davis, Sil. Prf..	587,102						
1987	205,405,000						
1987 Proof	178,120						
1988	138,893,539						
1988 Refinery	106,872						
1988 Refinery Prf.	255,013						
1989	184,773,902						
1989 Mack. River	99,774						
1989 Mack. River Prf.	244,062						
1990							
1990 Henry Kelsey ...							
1990 Henry Kelsey Prf.							
1991							
1991 Frontenac							
1991 Frontenac Proof .							

CANADA — OLYMPIC 5 DOLLARS

DATE	QUANTITY MINTED	V. Good	Fine	V. Fine	Ex. Fine	Unc.	Proof
1973 Sailboats							
1973 Map							
1974 Wreath/Rings							
1974 Torch-bearer							
1975 Canoeing							
1975 Rowing							
1975 Runner							
1975 Javelin throwing .							
1975 Diver							
1975 Swimmer							
1976 Fencing							
1976 Boxing							
1976 Olympic Village ..							
1976 Olympic Flame ..							

OLYMPIC TEN DOLLARS

CANADA — OLYMPIC TEN DOLLARS

DATE	QUANTITY MINTED	V. Good	Fine	V. Fine	Ex. Fine	Unc.	Proof
1973 Map							
1973 Skyline							
1974 Temple of Zeus ...							
1974 Zeus head							
1975 Lacrosse							
1975 Cycling							
1975 Shot Put							
1975 Hurdles							
1975 Sailing							
1975 Paddler							
1976 Soccer							
1976 Hockey							
1976 Stadium							
1976 Velodrome							

OLYMPIC TWENTY DOLLARS

1985 Downhill Skier ..	142,914						
1985 Speed Skater	134,600						
1986 Biathlon	500,000						
1986 Hockey	500,000						
1986 Cross Ctry. Skier .	500,000						
1986 Free Style Skier .	500,000						
1987 Figure Skater	500,000						
1987 Curling	500,000						
1987 Ski Jumper	500,000						
1987 Bobsled	500,000						

CANADA — GOLD SOVEREIGNS

Edward VII 1901-1910

DATE	QUANTITY MINTED	Good	V. Good	Fine	V. Fine	Ex. Fine	Unc.	Proof
1908C	636							
1909C	16,273							
1910C	28,012							

George V 1910-1936

1911C	256,946							
1913C	3,715							
1914C	14,891							
1916C	6,111							
1917C	58,845							
1918C	106,516							
1919C	135,889							

CANADA — FIVE DOLLARS GOLD

1912	154,745							
1913	93,791							
1914	29,078							

CANADA — TEN DOLLARS GOLD

1912	70,752							
1913	141,994							
1914	135,292							

CANADA — TWENTY DOLLARS GOLD

1967 proof only	337,688							

CANADA — HUNDRED DOLLARS GOLD

DATE	QUANTITY MINTED	V. Fine	Ex. Fine	Unc.
1976 Olympic,	650,000			
1976 Olympic, (proof only)	337,342			
1977 Queen's Jub. (pf. only)	180,396			
1978 Unification	200,000			
1979 Year of the Child	250,000			
1980 Arctic Terr	300,000			
1981 National Anthem	102,000			
1982 New Constitution	121,708			
1983 St. John's Newfoundland	83,128			
1984 Jacques Cartier	67,662			
1985 National Parks	59,840			
1986 Peace	100,000			
1987 1988 Olympics	350,000			
1988 Whales				
1989 Sainte-Marie				
1990 Literacy Year				
1991 Empress				